Regina Maria Stellner

Geheimnis des Glaubens

Eine Reise zum Mysterium der Heiligen Messe

Regina Maria Stellner

REGINA MARIA STELLNER

Geheimnis des Glaubens

Eine Reise zum Mysterium der Heiligen Messe

FE-MEDIENVERLAG

Biografische Notizen

Regina Maria Stellner kam 1985 in Oberbayern zur Welt. Mittlerweile arbeitet sie als Lehrerin an einer Realschule, wo sie die Fächer Deutsch und katholische Religionslehre unterrichtet. Nebenbei geht sie ihrem Hobby, dem Schreiben, nach.

Neuauflage 2023

www.fe-medien.de

Umschlaggestaltung: © Christa Vlad
Druck: orth-druk, Bialystok (Polen) – Printed in EU

ISBN: 978-3-86357-381-2

Inhaltsverzeichnis

2. August 2016 9

4. August 2016 13

Eine merkwürdige Begegnung 17

Der Beginn einer Reise 23

An einem Ort aus der Kindheit 27

Beim Heiligen von San Giovanni Rotondo 31

Beim letzten Abendmahl 47

Am See Genezareth 59

In Lanciano 69

Zu Besuch in Konnersreuth 77

Bei der Heiligen von Mindelstetten 91

In der „Stadt des Herrn“ 99

Im Garten Eden 109

Auf Golgota 121

Bei Jesus auf dem Berg 131

Beim Hauptmann von Kafarnaum 133

Bei den Hirten auf dem Feld 145

Bei Paulus im Gefängnis 149

Unterwegs mit der Heiligen der Dunkelheit 161

Bei der Gnadenmutter 181

4. August 2016 197

„Ich bin gekommen,
damit sie das Leben haben
und es in Fülle haben.“

Johannes 10,10

Liebe Leserinnen und Leser

„Warum soll ich in die Heilige Messe gehen?"
Diese Frage stellen sich viele Menschen. Vielleicht haben auch Sie sich diese Frage schon einmal gestellt oder Sie wurden von jemand anderem gefragt, warum er gehen sollte.
Leider kann ich Sie jetzt nicht danach fragen, was Sie darauf geantwortet haben.

Mir persönlich wurde diese Frage vor mehreren Jahren während einer mündlichen Prüfung an der Universität gestellt. Meine Antwort war damals recht einfach: Man sollte gehen, weil die Heilige Messe einem Kraft für das Leben gibt. Und wenn ich heute noch einmal gefragt werden würde, würde ich das Gleiche wieder sagen.
Ich denke, dass die Heilige Messe ein großer Schatz ist, in dem Gott selbst sich uns schenkt und dass es sich daher auch lohnt, sich näher mit ihr zu befassen.

Während ich an diesem Buch gearbeitet habe, habe ich selbst viel Neues über diese heilige Feier dazugelernt und wenn ich heute daran teilnehme, sehe ich so manches mit anderen Augen. Es würde mich sehr freuen, wenn es auch dem ein oder anderen von Ihnen durch das Lesen dieses Buches so ergehen würde.

Vielleicht sollte ich noch kurz etwas zum Inhalt sagen: Wenn die Rahmenhandlung auch erfunden ist, so sind doch alle Hintergrundinformationen, die man in den einzelnen Kapiteln über die Heilige Messe bekommt, sorgfältig recherchiert und wahr. Wer wissen möchte, welche Bücher dabei als Grundlage dienten, kann dies auf den letzten Seiten dieses Buches erfahren.

Abschließend bleibt mir nur noch, Ihnen viel Freude beim Lesen zu wünschen! Möge Gott jeden von Ihnen reich segnen und Sie alle immer mehr zu einem „Leben in Fülle“ führen!

2. August 2016

Der Himmel war grau und es regnete in Strömen, als Felix in der Leichenhalle stand, um einen letzten Blick auf seinen Vater zu werfen. Die Mutter hatte es so gewünscht; noch ein letztes Mal sollte der Sarg geöffnet werden, ein letztes Mal sollte er seinem Vater von Angesicht zu Angesicht gegenüberstehen.

Er starrte in den geöffneten Sarg, starrte in das Gesicht des Mannes, der ihm so viel Leid zugefügt hatte und trotz allem sein Vater war. Ruhig sah der Mann aus, der da lag. Unheimlich ruhig und friedlich. Ja, er konnte es nicht leugnen – es ging Frieden von ihm aus. So, als sei er nun von allem erlöst und befreit. Fast schon so, als sei er nun glücklich. Glücklich! Und am Sarg stand sein Sohn, dem er so viel Schlimmes angetan hatte. Sein Sohn, dessen Leben so sehr durch ihn geprägt war, dass niemand sagen konnte, ob er je in seinem Leben wirklichen Frieden finden würde. Wie konnte er da glücklich wirken? Was für ein Recht hatte er, glücklich zu wirken?

Im Hintergrund konnte Felix hören, wie die Anwesenden zu beten begannen. „Vater Unser im Himmel“, ertönte es im Chor. Vater. Warum wollte Gott ausgerechnet ‚Vater‘ genannt werden? Was sollte er mit einem Gott anfangen, der wie ein Vater war?

Doch damit nicht genug. Das Gebet ging weiter und neue Worte drangen an sein Ohr: „vergib uns unsere Schuld, wie auch wir vergeben unseren Schuldigern“ – was verlangte dieser Gott da? Vergeben sollte er, damit ihm selbst vergeben werden würde. Vergeben?

Felix starrte in den Sarg. Er dachte an seine zerstörte Kindheit, an die Weihnachtsfeste voller Tränen, an seine Jugend in Angst. Und während er mit den Fingern über die Narbe auf seiner linken Wange strich, entstand wieder einmal die Szene vor seinen Augen, die zu dieser Verletzung geführt hatte.

Damals hatte er es tatsächlich einmal gewagt, seinem Vater zu widersprechen, und das sollte ihm teuer zu stehen kommen. Denn dieser holte aus und schlug ihm mit der Faust mitten ins Gesicht. Und obwohl Felix schon 17 Jahre alt und fast größer als sein Vater war, konnte er dem Schlag nicht standhalten. Er fiel zu Boden. Im Fallen streifte seine linke Wange den Eisenofen, der ihm im Weg stand. So stark, dass sie aufriss und das Blut herausströmte.

Seine Mutter hatte wie immer weinend zugesehen. Früher hatte sie noch versucht, ihm zu helfen, mittlerweile hatte sie eingesehen, dass ihre Hilfe sinnlos war.

Schweigend rappelte Felix sich hoch, griff nach einem herumliegenden Küchentuch, um die Blutung zu stillen und zog sich in sein Zimmer zurück.

Situationen wie diese waren keine Seltenheit für ihn. Immer wieder kam es vor, dass sein Vater die Beherrschung verlor und ihn ohne einen wirklichen Grund schlug. Zuweilen reichte allein schon seine Anwesenheit aus, um seinen Erzeuger zu reizen. „Erzeuger", so nannte Felix ihn, denn es fiel ihm schwer, in diesem Mann seinen Vater zu sehen. Vater – was war eigentlich ein Vater? Felix erfuhr „einen Vater" als jemanden, der unberechenbar und grausam war. Als jemanden, der nur auf sich selbst schaute und dem die Menschen, für die er eigentlich sorgen sollte, gleichgültig waren. Als jemanden, der denen, die ihm am nächsten standen, größtes Leid zufügte.

Wie sehnte er sich nach jemandem, der ihn liebte, jemandem, dem er vertrauen konnte, der Interesse an ihm zeigte und ihn beschützte. Das sollte ein Vater doch tun – jedenfalls wurde es behauptet.

Lange Zeit saß er schweigend in seinem Zimmer, alleine und verletzt, und niemand kam, um Anteilnahme zu zeigen. Seinem Vater waren die Wunden des Jungen egal, die Mutter wagte es nicht, zu ihm zu kommen – aus Angst vor ihrem Mann. So war es immer und so war es auch dieses Mal.

Und nun stand er hier am Sarg und musste sich anhören, dass Gott von ihm verlangte, seinem Schuldiger zu vergeben.

Vergeben! Nein, das konnte er nicht! Das wollte er nicht!

Es hatte eine Zeit gegeben, in der er noch so etwas wie Zuneigung zu seinem Vater empfunden hatte – schließlich verdankte er ihm immerhin das Leben. Doch mittlerweile war von der Zuneigung nichts mehr geblieben. Sie war einem inneren Zorn gewichen, der zum Hass zu werden drohte.

Nein, er würde seinem Vater nicht vergeben, und wenn ihm dafür selbst nicht vergeben werden würde! Er konnte ihm nicht vergeben, selbst wenn er es gewollt hätte.

Die Anwesenden beteten weiter, einen ganzen Rosenkranz lang, doch Felix weigerte sich, auch nur eines der Gebete mit zu beten.

Wozu sollte er sich an einen Gott wenden, der zugelassen hatte, dass er einen solchen Vater hatte? Und wozu sollte er für einen Vater beten, der ihn so sehr leiden ließ?

4. August 2016

Pünktlich mit dem Glockenschlag betrat der Priester den Altarraum. Felix saß neben seiner Mutter in der ersten Bank. Ihm war nicht wohl dabei. Lange war es her, dass er das letzte Mal ein Kirchengebäude betreten hatte. Kaum war er 18, war er von zuhause ausgezogen und damit war es auch mit den Kirchenbesuchen vorbeigewesen. Und eigentlich hatte er sich geschworen, ein solches Gebäude nicht so schnell wieder zu betreten. Heute blieb ihm nichts anderes übrig.

Der Priester begann mit der Messe. Widerwillig stand Felix auf und ließ sich zu einem Kreuzzeichen bewegen. Diese Riten bedeuteten ihm nichts. Er sah keinen Sinn darin. Während der Pfarrer die anwesende Trauergemeinde begrüßte, war er in Gedanken längst wieder woanders. Er dachte an die Gottesdienste, die er früher besuchen musste. Freiwillig war er selten dabei gewesen. Er war gegangen, weil sein Vater es von ihm verlangt hatte. Warum eigentlich? War es ihm um das Ansehen vor den Leuten gegangen oder wollte er dem Jungen nur seinen Willen aufzwingen? Oder ging es ihm um Gott? Felix wusste es nicht.

Eigentlich hatte er vorgehabt, mit 18 aus der Kirche auszutreten; schon allein um sich seinem Vater zu widersetzen. Jetzt war er 27 und hatte es immer noch nicht getan, irgendetwas hatte ihn davor zurückgehalten. Aber bald – das nahm er sich vor – bald würde er diesen Schritt gehen.

Mittlerweile war der Pfarrer bei der Predigt angelangt. Er berichtete Einzelheiten aus dem Leben des Verstorbenen.

„Erich hatte keine schöne Kindheit gehabt“, sagte der Geistliche gerade. „Anstatt mit anderen Kindern zu spielen und weitere Freuden der Kindheit zu genießen, musste er auf dem Hof der Eltern hart arbeiten und jede Kleinigkeit, die er falsch machte, wurde mit Schlägen bestraft."

„Das kommt mir bekannt vor", ging es Felix durch den Kopf. „Aber musste mein Vater das, was er selbst erlitten hatte, unbedingt an mir auslassen? Hätte er nicht aus den Fehlern des Großvaters lernen und mich anders behandeln können?"

„Nach und nach entstand in Erich trotz allem eine große Liebe zur Landwirtschaft", fuhr der Pfarrer fort, „und es wurde sein größter Traum, den Hof der Eltern zu übernehmen. Für diesen Traum arbeitete er, für ihn ertrug er alle Schikanen, für ihn lebte er.

Und dann passierte es: Kurz bevor Erich seine Schullaufbahn beendete, gaben seine Eltern die Landwirtschaft auf und verkauften alle Tiere. Erich wurde nicht gefragt, er konnte nur zusehen; nur dabeistehen, während sein Lebenstraum zertrümmert wurde.

Und zugleich mit dem Traum zerbrach etwas in seinem Inneren, etwas, das nie wieder heilen sollte."

„Fast könnte er einem leidtun", kam es Felix. „Wenn nicht, ja, wenn er nicht alle Verletzungen, die er selbst erfahren hatte, an mir ausgelassen hätte."

Was der Pfarrer sonst noch sagte, hörte er nicht mehr. In Gedanken ging er die Ereignisse der letzten Tage noch einmal durch. Drei Tage war es nun schon her, dass seine Mutter ihn angerufen und über den Tod des Vaters informiert hatte. Herzinfarkt. Es war sehr schnell gegangen. Die Mutter war verzweifelt. Felix kaum berührt. Lange war er nicht mehr zuhause gewesen. Er hatte versucht, die Vergangenheit zu verdrängen. Scheinbar erfolgreich; so dachte er wenigstens bis vor Kurzem. Doch nun holte sie ihn wieder ein. Nach und nach wurden alte

Wunden aufgerissen. Er wollte sich dagegen wehren – doch was sollte er tun? Nur keinen Schmerz zulassen. Am besten nicht darüber nachdenken, was alles gewesen war.

Die Messe nahm ihren Lauf. Inzwischen war der Priester bei der Wandlung und alle knieten. Mechanisch kniete auch Felix sich hin. Er kniete sich hin, stand auf, kniete sich wieder hin, ohne dass irgendetwas, das gerade geschah, von Bedeutung für ihn war. Schließlich gingen die meisten nach vorne, um die Kommunion zu empfangen. Felix blieb sitzen. Wozu sollte er sich nach vorne bemühen? Glaubte er doch eh nicht daran, dass in dieser Hostie Jesus war.

Endlich war die Messe vorbei. Alle gingen nach draußen und gemeinsam liefen sie hinter dem Sarg her. Ein paar letzte Minuten befand sich der Körper des Verstorbenen noch unter ihnen, dann wurde er in die Erde hinabgelassen.

Wie ferngesteuert nahm Felix all das wahr. Starr blieb er am Grab stehen, als die Anwesenden Abschied vom Toten nahmen und einen letzten Blumengruß zu ihm hinab warfen. Er bedankte sich mechanisch, wenn sie ihm die Hand schüttelten und ihr Beileid in Worte verpackten.

Viele waren gekommen, Freunde der Mutter und Verwandte. Alle trugen sie Schwarz und schauten bekümmert drein. Bekümmert, weil sie seinen Vater vermissten? Wohl eher nicht. Vielleicht bekümmert, weil sie an das Leid dachten, das die Familie in den Jahren davor erfahren hatte. Oder weil ihnen heute das erste Mal wirklich bewusst geworden war, dass der Verstorbene selbst ein gebrochener und zutiefst verletzter Mensch gewesen war.

Nachdem die letzten Blumen ins Grab geworfen und die letzten Hände geschüttelt worden waren, verließ Felix den Friedhof. Zum Essen wollte er nicht mitgehen, er wollte keinen mehr treffen, keine gutgemeinten Worte über sich ergehen lassen.

Außerhalb des Friedhofs begann ein dichter Wald. Hier war er als kleiner Junge oft gewesen, wenn er allein sein wollte und niemand ihn finden sollte. Hierhin ging er auch jetzt. Während er einem kleinen Schotterweg folgte, auf dem er immer tiefer ins Waldesinnere vordrang, breiteten sich die Bäume wie eine schützende Decke um ihn. Und je weiter er in den Wald eintauchte, umso ruhiger wurde es in ihm und umso freier fühlte er sich.

Eine merkwürdige Begegnung

Nachdem er etwa eine halbe Stunde gegangen war, kam er zu einer kleinen Lichtung, bei der eine Bank stand, die geradezu zum Verweilen einlud. Er setzte sich hin, schaute auf die kleine Wiese, die von einer Fülle an Waldblumen übersät war und genoss den Frieden, den der Ort ausstrahlte. Weit und breit war kein Mensch zu sehen, hier gab es nur die Natur, ein paar Tiere und ihn.

Was für ein Glück, dass es an diesem Tag nicht regnete. Andernfalls hätte er seinen Ausflug wohl bald wieder abbrechen müssen. So aber hinderte ihn nichts daran, so lange er wollte zu bleiben.

Und er hatte Zeit. An diesem Tag hatte er endlich wieder einmal Zeit. Zeit, dazusitzen und über sein Leben nachzudenken.

Sein Blick fiel auf seine zerschundenen Hände. Seit er 16 war, arbeitete er auf dem Bau. Für andere war das der Traumberuf, sie hatten ihn selbst gewählt und Freude daran. Nicht so er. Er hatte den Beruf erlernt, weil er musste, weil sein Vater von ihm verlangt hatte, Geld zu verdienen, anstatt weiter auf die Schule zu gehen. Mittlerweile hatte er sich damit abgefunden und machte das Beste daraus, doch Erfüllung gab es ihm nicht. Viel lieber hätte er etwas im Bereich Sport gemacht, denn darin glänzte er schon immer. Vielleicht Sportlehrer? Vielleicht wäre er sogar Profisportler geworden. Er lachte bei der Vorstellung. Er und berühmt. Ja, wenn.

So war der Sport nur sein Hobby. Nach der Arbeit leitete er das Training der Fußballmannschaft vor Ort. Er war für die D-Jugend zuständig. Es machte ihm Freude, junge Menschen zu motivieren und das Beste aus ihnen herauszuholen. Am Wochenende begleitete er sie zu den entscheidenden Spielen. Selbst spielte er natürlich auch noch. Mittlerweile war er bei den „Alten Herren".

So war er oft unterwegs und hatte Kontakt mit vielen Leuten. Er war nicht lange Zeit allein. Nur abends. Wenn er dann in seiner Wohnung war, dann wurde ihm immer wieder aufs Neue bewusst, dass etwas fehlte. Es fehlte jemand, dem er seine inneren Zweifel und Nöte anvertrauen konnte und der ihn verstand. Jemand, der ihn bedingungslos liebte und annahm, so wie er war. Und es fehlte ein Sinn, der hinter allem stand.

Jemanden, der ihn bedingungslos liebte – konnte es so jemanden überhaupt geben? Und wenn ja, wie sollte er eine solche Person finden?

Während er so dasaß und nachdachte, fielen vereinzelt ein paar Sonnenstrahlen durch die Bäume und erhellten sein Gesicht. Ab und zu hörte er es im Gras rascheln, bekam aber nie eines der Tiere, die sich dort versteckten, zu Gesicht. Vielleicht würden sie sich heraus trauen, wenn er länger dort säße. Vielleicht würden sie seine Anwesenheit ja irgendwann vergessen.

Auf einmal hörte er ein Rascheln anderer Art. Die Laute hörten sich nach den Schritten eines Menschen an. Verwundert blickte er den Waldweg entlang. Schon so oft war er hier gewesen und noch nie war in der Zeit jemand vorbei gekommen. Doch tatsächlich – er sah eine Gestalt, die sich langsam näherte. Es war eine Frau. Sie ging recht langsam und von ihr ging ein eigenartiges Leuchten aus.

Felix beobachtete sie, während sie näherkam. Je deutlicher er sie sah, umso mehr entstand in ihm das Gefühl, sie irgendwoher zu kennen. „Sie sieht aus wie Ruth", schoss es ihm durch den

Kopf. Aber sogleich verwarf er den Gedanken wieder, denn diese war vor dreizehn Jahren gestorben.

Noch heute erinnerte er sich genau an den Tag, an dem er von ihrem Tod erfahren hatte. Sie waren gerade beim Mittagessen gewesen, seine Mutter und er. Da hatte das Telefon geklingelt – und danach war alles anders gewesen.

Ihr unerwarteter Tod hatte ein tiefes Loch in sein Leben gerissen.

Ruth war die beste Freundin seiner Mutter und seine Taufpatin. Dadurch hatte sie regelmäßigen Kontakt zu seiner Familie und kam oft vorbei. Sie litt sehr darunter, mit ansehen zu müssen, wie Felix von seinem Vater behandelt wurde. In den Ferien lud sie ihn immer wieder für ein paar Tage zu sich nach München ein, um ihn zumindest für eine Weile aus seinem Umfeld herauszuholen. Bei ihr war es ihm immer gut gegangen. Sie ließ ihn spüren, dass sie ihn liebte und tat alles, um die gemeinsamen Tage möglichst schön werden zu lassen. So konnte er neue Kraft schöpfen und sein Elend von zuhause für eine Weile hinter sich lassen.

Bis es zu diesem tragischen Autounfall kam …

Felix konzentrierte sich wieder auf die Frau, die auf ihn zukam. Sie war nicht allzu groß und schien recht jung zu sein – vielleicht Mitte 30. Was für Ruth sprach, denn sie war jung gestorben. Auch die langen schwarzen Haare sprachen für sie. Diese fielen in leichten Wellen offen über die Schultern der Frau, so wie Ruth sie am liebsten getragen hatte. Konnte es sein, dass … Doch was dachte er da? So etwas Verrücktes war doch nicht möglich!

Inzwischen war sie ziemlich nahe – nur noch ein paar Meter entfernt – und Felix konnte ihre Gesichtszüge deutlich erkennen. Die weichen Linien um den Mund, das Grübchen im Kinn, die langen schwarzen Wimpern. Sein Blick wurde zu einem Starren. Er starrte die Frau an und brachte kein Wort heraus. Das, was er die ganze Zeit gedacht hatte, wurde zur Gewissheit. Es war Ruth!

„Hallo Felix“, hörte er sie sagen, „es freut mich so, dich wieder zu treffen!“ Immer noch war es ihm unmöglich, irgendetwas zu äußern. Auch die Stimme war identisch mit der seiner Patin.

„Darf ich mich für eine Weile zu dir setzen?“, wollte sie nun wissen. Er nickte und beobachtete sprachlos, wie sie neben ihm Platz nahm. „Du täuschst dich nicht, ich bin es“, fuhr sie fort.

„Unmöglich! Du bist seit dreizehn Jahren tot! Ich war bei deiner Beerdigung“, brach es aus dem jungen Mann heraus.

„Aus menschlicher Sicht ja. Aus menschlicher Sicht bin ich tot und mein Körper liegt in der Erde. Das heißt aber noch lange nicht, dass es mich nicht mehr gibt. Und es heißt auch nicht, dass ich niemandem mehr begegnen kann.“

„Aber wie sollte so etwas möglich sein?“

„Manchmal gewährt Gott einem Verstorbenen die Gnade, dass er sich anderen Menschen noch einmal zeigen darf.“

„Du meinst, Gott erlaubte dir, dass du mir jetzt begegnest?“

„So ist es. Gott erlaubte, dass ich dir begegne und dass du mich dabei auch sehen kannst. Denn begegnet bin ich dir seit meinem Tod schon öfter, es war nur leider immer so, dass du mich nicht sehen konntest.“

Auf seinen ungläubigen Blick hin sagte sie: „Ich war dabei, als dein Vater beerdigt wurde und ich war auch viele andere Male da. Und immer wieder hat mich das Leid, das du ertragen musstest, tief berührt. Wie oft hätte ich gerne eingegriffen und dir geholfen und musste doch tatenlos zusehen. Aber heute habe ich die Möglichkeit bekommen, noch einmal mit dir zu sprechen.“

Während sie redete, schaute er sie unverwandt an. Er schaute in ihr Gesicht, das immer noch altvertraut und doch irgendwie neu war. Es schien aus jeder Pore zu leuchten und strahlte großes Glück und inneren Frieden aus.

„Wenn du immer wieder da warst, dann brauche ich dir ja nichts über die letzten Jahre zu sagen", meinte er schließlich, „dann weißt du ja alles über mich."

„Du kannst gerne etwas erzählen, wenn ich auch so manches weiß."

„Dass du gestorben bist, das war schlimm für mich! Bei dir hab ich mich geborgen gefühlt. Du warst so wichtig für mich!"

„Ich weiß. Du warst auch sehr wichtig für mich!"

„Warum bist du dann so früh gegangen?!"

„Das war nicht meine Entscheidung. Meine Lebenszeit war einfach um – die Zeit, die für mein Leben auf der Welt bestimmt war, war vorbei. Aber jemanden, den man liebt, lässt man nicht im Stich, auch nach dem Tod nicht. Und du solltest wissen, dass du mir immer noch sehr viel bedeutest!"

Sie schaute ihn an und in ihren Augen sah er eine noch größere Liebe zu ihm als früher. Eine Liebe, die er noch nie bei einem Sterblichen gesehen hatte.

„Du bist ausgezogen von daheim, weil du es nicht mehr ausgehalten hast."

„Ja."

„Und du hast deine Eltern nur sehr selten besucht."

„Warum auch!"

„Dein Vater hätte gerne noch einmal mit dir gesprochen. In den letzten Wochen und Monaten ist ihm so einiges klar geworden."

„Er hatte Jahre lang Zeit dazu und hat es nicht getan. Und irgendwann war es einfach zu spät!"

„Sein Tod hat dich kaum berührt."

„Wie sollte er."

„Aber die Wunden, die er dir zugefügt hat, sind immer noch nicht verheilt. Sie sind tief in deinem Inneren. Nach außen hin trägst du eine Maske und niemand sieht, wie verletzt du bist. Doch innerlich blutest du und schreist um Hilfe. Ist es nicht so?"

Darauf bekam sie keine Antwort. Eine Weile saßen die beiden schweigend nebeneinander, bis Ruth schließlich sagte: „Und genau deshalb durfte ich zurückkommen."

Fragend blickte der junge Mann sie nun an.

Der Beginn einer Reise

„Deshalb durftest du zurückkommen?? Weil ich so verletzt wurde, durftest du zurückkommen?" Felix konnte kaum glauben, was er da soeben gehört hatte.

„Ich durfte zurückkommen, um dir eine Möglichkeit zu zeigen, wie du mit deinen Verletzungen umgehen kannst und wie du trotz allem zu einem erfüllten Leben gelangen kannst. Denke nicht, dass Gott dein Leid gleichgültig ist. Ihm ist es nie gleichgültig, wenn ein Mensch leiden muss."

„Davon habe ich bisher nicht viel gemerkt!"

„Du siehst doch, dass ich jetzt hier bin. Manchmal dauert es eine Weile, bis Hilfe kommt. Aber irgendjemanden schickt er zu jedem. Das kann einfach ein Mensch sein, der es gut mit einem meint. Das kann aber auch jemand aus dem Jenseits sein. Wobei Letzteres natürlich die Ausnahme ist."

Immer noch fiel es dem jungen Mann schwer, das, was Ruth sagte, ganz zu glauben. Aber wieso sollte sie ihm etwas Falsches erzählen? Andererseits – warum sollte Gott gerade zu ihm jemanden schicken, der ihm helfen sollte? War am Ende alles nur Einbildung? War er so erschöpft von den Ereignissen der letzten Tage, dass er sich einbildete, mit seiner verstorbenen Taufpatin auf einer Waldbank zu sitzen und zu reden? Nein, eigentlich war er trotz allem, was gewesen war, geistig recht fit. Und die Frau neben ihm wirkte real. Was aber sollte sie ihm zeigen? Von welcher Möglichkeit sprach sie?

„Wenn du erlaubst", fuhr sie nun fort, „würde ich dich gerne auf eine Reise mitnehmen. Während dieser sollst du die Gelegenheit bekommen, das, was mir die Kraft für mein Leben gegeben hat, näher kennenzulernen."

„Das, was dir die Kraft für dein Leben gab – was genau soll ich da kennenlernen?"

„Das wirst du schon noch sehen."

„Wird die Reise lange dauern? Ich muss morgen wieder arbeiten."

Ruth lachte: „Glaube mir, du wirst rechtzeitig zurück sein."

„Na dann. Wie werden wir reisen?"

„Du wirst für die Dauer der Reise die Fähigkeit haben, so unterwegs zu sein wie ich. Auch das ist ein Geschenk des Himmels an dich."

„Du meinst, ich werde ohne meinen irdischen Körper reisen?"

„Ganz genau. Es wird eine Reise werden, die du mit der Seele machst. Dabei wirst du einen spirituellen Körper haben, der fast genauso ausschaut, wie dein irdischer. Nur noch etwas besser. Für die Menschen, denen wir begegnen, wirst du unsichtbar sein, so wie auch ich für die Allgemeinheit unsichtbar bin."

Eine Reise mit der Seele, bei der er das kennenlernen sollte, was seiner Patin die Kraft für ihr Leben gegeben hatte. Das alles hörte sich äußerst merkwürdig an – um nicht zu sagen fast schon unheimlich und auf keinen Fall realistisch.

Aber was war schon Realität? Nachdem er sich nun schon so lange Zeit mit einer Frau unterhielt, die eigentlich vor dreizehn Jahren gestorben war, war er sich da ohnehin nicht mehr so sicher.

„Warum nicht?", hörte er sich sagen. „Ich habe ja nichts zu verlieren dabei, oder?"

„Zu verlieren? Nein – zu verlieren hast du nichts. Aber du kannst sehr viel gewinnen."

„Und wohin soll es gehen?“

„Das wirst du sehen, wenn es soweit ist. Für jetzt genügt deine Bereitschaft mitzukommen. Alles andere wird sich von selbst fügen.“

„Mitkommen werde ich, ein wenig Abwechslung schadet ja nie.“

„Nun denn, dann mach dich gefasst auf die wohl spannendste Reise deines Lebens.“

An einem Ort aus der Kindheit

Waren sie soeben noch auf der Bank im Wald gesessen und hatten über die Reise gesprochen, so befanden sie sich nun schon mittendrin. Felix verstand nicht recht, wie es so schnell gehen konnte, aber sie waren beide an einem anderen Ort. An einem Ort, der ihm aus seiner Kindheit gut bekannt war, an dem er sich aber nicht gerade wohl fühlte.

Etwa vier Meter von ihnen entfernt stand ein alter Priester in einem grünen Messgewand und mit einem langen weißen Bart. Felix kannte ihn von früher und er erinnerte sich daran, dass er sich als Kind immer gefragt hatte, wie viele Jahre ein Bart wohl wachsen musste, um eine solche Länge zu erlangen.

Auch die Kirche kannte er von früher. Es war eine kleine Kirche, in der er als Kind öfter mit Ruth gewesen war. Jetzt erinnerte er sich wieder – sie war sogar fast jeden Tag dorthin gelaufen und so lange sie ihn dazu überreden konnte, ging er mit, wenn er in den Ferien bei ihr war. Aber irgendwann war es damit vorbei gewesen. Eines Tages hatte er ihr erklärt, er werde sie nicht mehr dorthin begleiten – weil es ihm zu langweilig und auch zu peinlich war.

Langweilig, weil es immer der gleiche Ablauf war. Peinlich, weil dort fast nur alte Leute waren. Und – er blickte sich um – so war es noch immer. Wobei – ein paar junge waren auch dabei. Erstaunlich!

Was für ein Jammer, dass die erste Station ihrer eigenartigen Reise gerade diese Kirche war – einer der langweiligsten Orte seiner Vergangenheit! Und sie hatte ihm „die spannendste Reise seines Lebens“ versprochen. Was hatte sie sich dabei nur gedacht?

Er blickte auf seine Patin, die neben ihm in der Bank kniete und wie gebannt zum Priester schaute. Der hielt gerade eine übergroße Hostie hoch. Soviel wusste er noch von früher – das war der Moment, in dem diese angeblich in den Leib Christi umgewandelt wird. Ruth schien das immer noch zu glauben, so wie sie sich verhielt. Mit gefalteten Händen kniete sie da und blickte unverwandt auf die Hostie. Aus Respekt ihr gegenüber kniete er sich nun doch auch hin und konzentrierte sich für eine Weile auf das Geschehen am Altar. Jetzt wurde der Kelch mit dem Wein hochgehoben – dem Blut Christi, auch das wusste er noch. Dann sprach der Priester ein paar lange Gebete. Dabei hatte er noch nie genauer zugehört.

Und so auch an diesem Tag nicht. Stattdessen wanderte sein Blick durch die Kirche. Es hatte sich nicht viel verändert, seit er das letzte Mal hier gewesen war. Wie immer brannten nur zwei kleine Kerzen am Altar. Mehr wurden nicht angezündet, um die Wände vor dem Ruß zu schützen. Die Männer saßen rechts, die Frauen links. Doch nein, da saßen auch ein paar Frauen auf der Männerseite. Ganz etwas Neues! Aber es waren ja auch deutlich weniger Männer anwesend als Frauen, da durfte die Reihe schon einmal gewechselt werden.

O nein, sie öffneten die Gesangsbücher. Gleich würden sie singen. „Hoffentlich ist die mit der hohen Stimme nicht da!", kam es Felix. Er hatte Glück.

Nach dem Gesang folgten ein paar Gebete. Wieder wurde die Hostie hochgehalten. Und dann gingen alle nach vorne, um die Kommunion zu empfangen.

An diesem Punkt hatte er die Kirche früher eigentlich immer verlassen. Danach kamen nur noch Gesang und ein Segen, der ihm nicht viel bedeutete. Er blickte zu Ruth hin, aber diese macht keine Anstalten zu gehen. Wie es aussah, musste er die Messe bis zum Schluss über sich ergehen lassen. Das hatte er nun davon, dass er sich auf diese merkwürdige Reise eingelassen hatte.

Nach der Kommunion knieten alle in den Bänken und beteten ganz ehrfürchtig. Dann folgten wie immer ein Lied, der Segen und ein weiteres Lied. Und nachdem die Letzten die Kirche verlassen hatten, hielt es endlich auch seine Patin für angebracht aufzubrechen.

Draußen gingen sie eine Weile schweigend nebeneinander her, bis Felix sich nicht mehr zurückhalten konnte: „Du kommst zu mir, um mir etwas Gutes zu tun, nimmst mich mit auf eine geheimnisvolle Reise und bringst mich dann ausgerechnet hierher! Warum?"

„Ich sagte dir doch, dass du das kennenlernen darfst, was mir die Kraft für mein Leben gegeben hat. Nun – das ist die Heilige Messe."

„Aber ich kenne die Heilige Messe! Ich war schon so oft in der Heiligen Messe, dass ich es gar nicht mehr zählen kann."

„Ja, du warst schon oft anwesend. Aber du kennst sie nicht. Du hast nie verstanden, worum es dabei wirklich geht und wie viel Kraft sie dir für dein Leben geben könnte, wenn du es nur wolltest! Würdest du sie wirklich kennen, so hättest du dich nicht so radikal von ihr abgewandt."

Für einen Augenblick schwieg Felix, dann meinte er: „Vielleicht will ich die Messe gar nicht genauer kennenlernen. Vielleicht entscheide ich mich bewusst gegen sie und hole mir meine Kraft von woanders her."

„Damit man sich bewusst gegen etwas entscheiden kann, sollte man es doch erst einmal richtig kennenlernen. Erst dann ist die Entscheidung dafür oder auch dagegen wirklich aussagekräftig."

Als er nichts erwiderte, fügte sie hinzu: „Du brauchst keine Angst zu haben, dass du zu irgendetwas gezwungen wirst! Du bist vollkommen frei – jetzt und auch nach der Reise. Diese Reise soll lediglich ein Angebot sein, es liegt an dir, ob du es nutzen willst."

„Wenn ich sie kennenlerne, heißt das ja noch lange nicht, dass ich sie gut finden muss, oder?", lenkte der junge Mann nach kurzem Zögern ein.

„Nein, das heißt es nicht. Wie gesagt – die endgültige Entscheidung wird immer bei dir liegen."

„Dann habe ich wirklich nichts zu verlieren, wenn ich mich weiter auf die Reise einlasse?"

Wieder lachte Ruth: „Wie ich schon sagte, das hast du ganz gewiss nicht! Im Gegenteil – du hast die Möglichkeit in vergangene Zeiten einzutauchen und beeindruckende Persönlichkeiten kennenzulernen."

„Die Möglichkeit in vergangene Zeiten einzutauchen? Wie soll denn so etwas möglich sein?"

„Das ist genauso möglich, wie es möglich ist, dass du mit deiner Seele eine Reise machst. Bei Gott ist nichts unmöglich. Wenn die Seele eines Menschen den Körper verlässt, verlässt sie auch die Zeit, in der sie lebt. Sie ist dann sozusagen außerhalb der Zeit und kann in der Zeit reisen."

Irritiert blickte Felix sie an: „Ist es schlimm, wenn ich das nicht ganz verstehe?"

„Keine Sorge, du wirst es schon noch verstehen. Bist du bereit für die nächste Station?"

„Bin ich, ich hoffe aber, dass sie ein wenig spannender wird als die erste!"

„Das wird sie sein, keine Sorge!"

Beim Heiligen von San Giovanni Rotondo

Genauso wie beim letzten Mal befanden sie sich auch jetzt innerhalb von Sekunden an einem völlig anderen Ort. Auf den ersten Blick schien er sich jedoch nicht allzu sehr vom letzten zu unterscheiden. Es war schon wieder eine Kirche. Doch dieses Mal waren so viele Menschen anwesend, dass kaum Platz für die beiden war.

Felix schaute sich um. Die Kirche war von mittlerer Größe. Durch die Fenster drangen ein paar Sonnenstrahlen, scheinbar war es noch früh am Morgen und die Sonne war gerade am Aufgehen. In der Kirche selbst war es nicht besonders hell – eher düster. Dennoch waren alle Bänke voll und die Menschen knieten bis zum Ausgang dicht gedrängt nebeneinander. Felix betrachtete sie genauer. Ihre Kleidung war eher altmodisch – oder waren sie nun wirklich in einer anderen Zeit? Die Frauen hatten ein Kopftuch auf – alle! Und sie trugen lange Röcke oder Kleider.

Alle Blicke waren wie gebannt nach vorne gerichtet. Keiner richtete seine Aufmerksamkeit auf etwas anderes als auf das, was dort am Altar geschah.

Nun sah auch Felix dorthin. Da stand ein alter Priester mit einem weißen Bart. Er hatte ein helles Messgewand an. In seinen Händen befand sich eine Hostie, die er gerade hochhielt. Offensichtlich fiel ihm das schwer, denn er stützte die Arme auf dem Altar ab und seine Hände zitterten. Da Felix sich rechts vom Altar befand, konnte er das Gesicht des Priesters von der Seite sehen. Die Augen des Geistlichen fixierten die Hostie, in seinem Gesicht zuckte es, als würde er übergroße Schmerzen erleiden. Doch warum das? Lange Zeit hielt er die Hostie in den zitternden Händen und betrachtete sie. Man hatte den Eindruck, dass es für ihn nichts anderes gab, als diese Hostie.

Ähnlich war es, als er den Kelch in die Hände nahm. Wieder fiel es ihm sichtlich schwer, diesen hochzuhalten, es schien ihm seine letzten Kräfte zu kosten. Und wieder wich sein Blick keine Sekunde von dem Kelch, den er voller Hingabe und Ehrfurcht, aber auch voller Schmerzen betrachtete.

Felix merkte, wie dieser Mann auch ihn völlig in den Bann zog, wie er nur noch zu ihm hinblickte und nach und nach das Gefühl bekam, Zeuge eines außergewöhnlichen Ereignisses zu sein. Es war eine Messe, wie jede andere – oder doch nicht? Etwas war anders als sonst. Dieser Priester hatte eine Anziehungskraft, wie der junge Mann sie noch nie bei einem Priester erlebt hatte.

Still blickte er nach vorne, während der Geistliche eine Reihe von Gebeten sprach, alle auf Latein. Nun kam es ihm doch einmal zugute, dass er bis zur zehnten Klasse Latein gelernt hatte. Er hatte sich schon oft gefragt, welchen Sinn diese Plagerei gehabt hatte. Ein paar Worte verstand er. Wenigstens das! Aber das meiste verstand er nicht. Die Schule lag eben doch schon lange zurück und er hatte so einiges vergessen.

Neben ihm raunte eine Frau einer anderen etwas zu. Sie versuchte leise zu reden, was ihr aber nicht recht gelang. Dennoch konnte Felix nicht wirklich verstehen, was sie sagte – ganz offensichtlich waren sie irgendwo im Ausland – vielleicht in Italien oder in Spanien? Viele der Menschen waren braungebrannt und hatten sehr dunkles Haar.

Inzwischen war einige Zeit vergangen. Wie viel, das wusste er nicht. Er sah nur, dass der Priester erneut die Hostie hochhielt. Wieder geschah es mit größter Mühe. Dieses Mal fiel der Blick des jungen Mannes auf die Hände des Geistlichen und er erstarrte. Täuschte er sich, oder sahen die Handflächen aus wie blutende Fleischwunden? Er sah genauer hin – und wirklich! Die Hände waren schwer verwundet.

Kein Wunder, dass der Priester sie kaum hochhalten konnte und sein Gesicht verzerrt war. Er musste unglaubliche Schmerzen haben! Aber wieso war er dann hier? Wieso stand er am Altar und feierte die Messe? Warum schonte er sich nicht und kümmerte sich um seine Verletzungen?

Felix betrachtete das Gesicht des Geistlichen – gleichsam um eine Antwort auf diese Fragen zu finden. Doch der Priester ließ sich durch nichts ablenken. Sein Blick war unverwandt auf die Hostie gerichtet, als läge die Antwort auf alle Fragen in diesem verwandelten Stück Brot. Und als er die Hostie empfing, schien er für einige Zeit nicht mehr von dieser Welt zu sein. Nun entspannte sich sein Gesicht und er wirkte wie verklärt. So, als würde er jetzt die größte Wonne und Freude empfinden, deren ein Mensch fähig ist. Eine solche Hingabe hatte der junge Mann noch bei keinem Menschen wahrgenommen.

Als die Kommunion ausgeteilt wurde und die Leute in Scharen nach vorne strömten, nahm Felix sich Zeit, die Anwesenden näher zu betrachten. Es waren Menschen aller Altersklassen dabei. Manche waren sehr alt und schon recht gebrechlich, sodass sie nur mit Hilfe anderer nach vorne zur Kommunionbank gelangten. Andere waren noch sehr jung und machten den Eindruck, als würden sie mitten im Leben stehen. Sogar mehrere Kinder waren dabei. Er fragte sich, wie diese so lange leise durchhielten. Der Kleidung nach waren Menschen aus allen Schichten vertreten – von sehr arm bis sehr wohlhabend. An diesem Ort spielte der soziale Rang keine Rolle, sie alle knieten nebeneinander, ohne nach Äußerlichkeiten beurteilt zu werden.

Einmal sah er, wie der Priester einem Mann mittleren Alters die Kommunion verweigerte – er ging einfach an ihm vorbei, so als sei er nicht anwesend. Felix erwartete, dass der Mann einen Aufstand machen und empört nach der Kommunion verlangen würde, aber nichts dergleichen geschah. Stattdessen stand er auf und kehrte offensichtlich beschämt in seine Bank zurück. „Wäre ich so behandelt worden, ich hätte die Kirche verlassen und wäre nie mehr wiedergekommen", ging es Felix durch den Kopf. Es war ihm ein Rätsel, wie der Mann den Gottesdienst weiterhin mitfeiern konnte – und auch, warum der Pater ihm die Kommunion verweigert hatte. So etwas hatte er noch nie erlebt.

Doch wo war eigentlich Ruth? Seit er sich in dieser Kirche befand, hatte er sie nicht mehr gesehen. Nun, sie würde schon rechtzeitig wieder auftauchen, schließlich hatte sie von einer längeren Reise gesprochen und das hier war ja erst die zweite Station. Aber wie er sie kannte, würde sie nicht kommen, bevor der letzte Ton des Schlussliedes verklungen sein würde. Nicht dass er noch auf die Idee käme, die Kirche frühzeitig zu verlassen.

Dieses Mal war eine solche Sorge jedoch unbegründet – er blieb gerne bis zum Schluss. Zu viele neue Eindrücke strömten auf ihn ein und zu groß war die Anziehungskraft des Priesters.

Hier machte ihm nicht einmal der falsche Gesang mancher Kirchenbesucher etwas aus – lag es an der fremden Sprache? Oder war er so gebannt vom Geschehen, dass ihm solche Kleinigkeiten einfach gleichgültig wurden?

Als die Messe zu Ende war, schritt der Priester dem Ausgang zu. Schritt? Er bewegte sich mühsam darauf zu. Ganz offensichtlich bereitete ihm auch das Gehen große Schwierigkeiten. Hatte er an den Füßen etwa die gleichen Wunden wie an den Händen?

Nachdem er weg war, blieben die Menschen weiterhin in der Kirche, sie strömten nicht sofort hinaus, wie es sonst meist der Fall war. Erst nach und nach brachen sie vereinzelt auf.

„Möchtest du auch noch bleiben, oder sollen wir uns wieder auf den Weg machen?“, hörte er eine vertraute Stimme hinter sich.

„Wie kommst du darauf, dass ich bleiben möchte? Ich wollte nur nicht ohne dich aufbrechen“, gab er unwirsch zurück. Zuzugeben, dass er zu fasziniert war, um die Flucht nach draußen zu ergreifen, wäre zu sehr gegen seinen Stolz gewesen.

Gemeinsam begaben sie sich hinaus und nun konnte Felix endlich sehen, in welchem Umfeld sie sich befanden. Die Vermutung, in Italien zu sein, war richtig gewesen.

Sobald man aus der Kirche hinaustrat, hatte man den Blick frei auf eine hügelige Landschaft. Die Kirche lag recht hoch, daher hatte man einen guten Überblick über das Land, über die nahe gelegene Stadt, die anschließenden Felder und weitere Ortschaften, bis hin zu den Bergen.

Dazwischen waren immer wieder Zypressen und andere Bäume zu sehen, die hoch in den Himmel ragten. Es war wirklich noch sehr früh am Tag und die Sonne hatte ihre Leuchtkraft noch längst nicht erreicht.

„Wir befinden uns also wieder einmal an einem anderen Ort. Und in einer anderen Zeit. In welchem Jahr sind wir gerade?“, wandte er sich an Ruth.

„Im Jahr 1967. Also gar nicht so weit entfernt von deiner Gegenwart. Der Ort an dem wir sind, heißt San Giovanni Rotondo und liegt in Süditalien.“

„Ein kluger Schachzug von dir, mich hierherzubringen. Ich muss zugeben, dass ich doch ein wenig beeindruckt bin von dem, was ich gerade miterlebt habe. Wenn ich auch vieles nicht verstehe."

„Dann geht es dir so, wie den meisten, die hierherkommen."

„Ein eigenartiger Priester ist das, man hat das Gefühl, dass man stundenlang in seiner Gegenwart verweilen könnte, ohne dass es langweilig werden würde. Wer ist er?"

„Du hast gerade Pater Pio kennengelernt. Ja, nicht umsonst zieht er Millionen von Menschen aus der ganzen Welt an."

Pater Pio? Diesen Namen hatte er schon einmal gehört. Wenn er sich recht erinnerte, so hatte Ruth schon früher von ihm gesprochen, aber damals hatte er nicht viel Interesse an dem Ordensmann gehabt und alles, was er über ihn erfahren hatte, wieder vergessen.

„Was hältst du davon, wenn wir einen kleinen Spaziergang machen, während wir uns unterhalten? Dann lernst du gleichzeitig die Gegend näher kennen."

„Bewegung schadet nie", meinte Felix, „nur in welche Richtung?" Er schaute sich um. Links befand sich ein großes Gebäude, ein Krankenhaus. Daneben ragte ein Hügel steil nach oben, vor ihnen führte eine kleine Straße in die Ortschaft hinein.

„Lass uns doch geradeaus gehen, dann lernst du San Giovanni Rotondo kennen, so wie es vor 50 Jahren war. Eine einmalige Gelegenheit", schlug Ruth vor.

„Schaut der Ort denn in der Gegenwart so viel anders aus?"

„O ja, inzwischen stehen dort zahlreiche Hotels und unzählige Läden, in denen man Statuen und andere Andenken an Pater Pio kaufen kann. Doch vergessen wir das für heute und schauen wir uns die Stadt so an, wie sie jetzt noch ist."

Sie verließen den geteerten Platz vor der Kirche und gingen auf einem schmaleren Weg in Richtung Stadt. Die ersten Schritte führten sie an unbearbeitetem Land entlang. Dann erreichten sie die ersten Häuserreihen der Stadt. Die einzelnen Häuser waren nicht sehr breit und nahtlos aneinandergebaut. Teilweise konnte man sie nur durch die verschiedenen Farbtöne voneinander abgrenzen. Über den Türen befanden sich oft runde Bögen und viele der Fenster waren von weißen Rahmen umgeben.

Gerade kamen sie an einer Bäckerei vorbei, mehrere Frauen standen mit Körben vor dem Laden und der verführerische Duft von frischem Brot stieg ihnen in die Nase. Insgesamt war es noch recht ruhig, die Stadt war gerade am Erwachen. Felix und Ruth schlenderten durch die Straße, ohne ein wirkliches Ziel zu haben und ließen die Atmosphäre auf sich wirken. Immer wieder wurde in einem der Häuser, die sie passierten, ein Fenster geöffnet, um die frische Morgenluft ins Haus zu lassen. Über ihnen trat ein kleiner Junge auf den Balkon und reckte sich gähnend. Er wirkte nicht besonders glücklich darüber, so früh schon auf sein zu müssen. Was ihn an diesem Tag wohl erwartete?

Als sie so die Straßen entlang gingen, deutete nicht viel darauf hin, dass in unmittelbarer Nähe eine bedeutende Persönlichkeit lebte, zu der täglich zahlreiche Menschen kamen.

„Wenn du in der Gegenwart wieder einmal hierherkommen solltest, dann wirst du überall Statuen von Pater Pio entdecken – in den kleinen Nischen am Wegrand, in den Fenstern der Läden, vor den Hotels und in den Lokalen. Die ganze Stadt wird von Pater Pio geprägt sein und bis in die Gegenwart pilgern Millionen von Menschen hierher zu ihm. Jährlich etwa 7 Millionen“, durchbrach Ruth das Schweigen.

„Es ist unglaublich, dass ein so einfacher Mönch so viele Menschen anzieht. Was erhoffen sich die Menschen von ihm?"

„Nun", meinte Ruth, „du hast selbst erlebt, was für eine Faszination von ihm ausgeht, wenn er die Messe liest. Ich habe dich beobachtet und konnte erkennen, dass auch du berührt warst."

„Das muss ich zugeben", gestand Felix, „sein Anblick während der Messe war berührend. Aber ist das ein Grund, um Tausende von Kilometern zu reisen – nur um bei ihm in die Messe zu gehen?"

„Sicher gibt es verschiedene Gründe, die die Menschen hierherziehen. Viele kommen, um bei einer Messe dabei sein zu können, andere kommen vor allem, um bei ihm zu beichten. Ich weiß nicht, ob ich es dir schon einmal erzählt habe, aber Pater Pio hat die Gabe der Seelenschau. Das heißt, er sieht den Seelenzustand der Menschen. Das ist auch der Grund dafür, dass er soeben einem Mann die Kommunion verweigerte. Ich weiß nicht, ob dir das aufgefallen ist."

„Und ob es mir aufgefallen ist! Ich habe mich schon gefragt, warum er das gemacht hat."

„Vermutlich sah er, dass der Mann irgendeine schwere Sünde begangen hatte und daher nicht zur Kommunion gehen durfte, bevor er bei der Beichte war."

„Hätte er ihm nicht trotzdem die Kommunion geben und ihn dann auffordern können zu beichten?"

„Nein, das konnte er nicht, denn für Pater Pio ist die Kommunion unendlich wertvoll. Er ist fest davon überzeugt, dass in ihr Jesus gegenwärtig ist und auf den Empfang von Jesus sollte man sich entsprechend vorbereiten. Das hat der Mann nicht getan und deshalb hat er ihm die Kommunion verweigert.

Doch zurück zur Seelenschau – diese Gabe kommt ihm nicht nur beim Verteilen der Kommunion zugute, sondern vor allem beim Beichthören. Wenn Menschen bei ihm beichten und etwas Wichtiges vergessen oder aber es absichtlich verschweigen, so werden sie von ihm daran erinnert."

„Wie unheimlich! Genau das wäre ein Grund für mich, bei ihm nicht zur Beichte zu gehen", entfuhr es Felix.

„Das sieht offensichtlich jeder ein wenig anders", lachte Ruth, „jedenfalls gibt Pater Pio erst dann die Lossprechung, wenn er sich ganz sicher ist, dass alles Schwerwiegende bereut und vor Gott getragen wurde. Und seine Lossprechung hat eine ganz besondere Wirkung, viele Menschen berichten, sich nach einer Beichte bei ihm so frei und leicht gefühlt zu haben, wie noch nie zuvor. Ist dir aufgefallen, wie viele nach der Messe noch in der Kirche blieben?"

„Natürlich, das war ja kaum zu übersehen."

„Die meisten von ihnen blieben, um sich für die Beichte anzustellen – und warten jetzt stundenlang, bis sie drankommen. Aber es gibt noch andere Gründe dafür, dass die Menschen in Scharen hierherkommen."

„Ja? Welche denn zum Beispiel?"

„Hast du noch nie von den Heilungen gehört, die durch Pater Pio geschahen?"

„Kann sein, dass du mir früher schon einmal davon erzählt hast – aber ich erinnere mich nicht mehr daran. Oder doch – war da nicht irgendetwas mit einem blinden Mädchen?" Felix hatte zwar gedacht, alles im Bezug auf Pater Pio vergessen zu haben, aber nach und nach kamen doch einzelne Bruchstücke zurück.

„Richtig", bestätigte seine Patin, „diese Heilung war sogar eine der bedeutendsten. Die siebenjährige Gemma di Giorgi kam vollkommen blind und ohne Netzhaut auf die Welt. Als sie sieben Jahre alt war, wurde sie von Pater Pio geheilt und konnte von da an sehen. Die Ärzte haben keine Erklärung dafür."

„Sie hatte keine Netzhaut und konnte trotzdem sehen? Wie soll denn so etwas möglich sein?"

„Aus menschlicher Sicht ist es unmöglich und deshalb ein umso größeres Wunder. Ein so großes Wunder, dass selbst die Presse davon berichtete. Aber Gemma ist nicht die einzige, die von Pater Pio im Namen Jesu geheilt wurde. Es gibt noch einige weitere Personen, die ich jetzt aber nicht alle aufzählen werde."

Inzwischen waren sie an eine Weggabelung gelangt und beschlossen, links abzubiegen, um sich nicht mitten im Trubel der Stadt zu befinden. Denn diese erwachte immer mehr zum Leben. Autos hupten, Menschen riefen sich über die Straße hinweg etwas zu. Dabei fiel es manchmal schwer, sich auf das Gespräch zu konzentrieren. Doch der Weg, den sie jetzt gingen, führte sie aus der Stadt hinaus, hinein in die freie Natur. Die Straße wurde holpriger und immer mehr Bäume tauchten am Wegrand auf. Ein idealer Weg, um spazieren zu gehen.

„Er konnte also Kranke heilen", setzte Felix das Gespräch nach einer kurzen Zeit des Schweigens fort. „Wie kommt es dann, dass sich direkt vor seinem Kloster ein riesiges Krankenhaus befindet?"

„Pater Pio selbst setzte sich für die Errichtung dieses Krankenhauses ein. Ja, er konnte Kranke heilen, aber diese Heilungen waren sehr selten. Und sie waren auch nicht seine Hauptaufgabe. Ihm ging es vor allem um die Heilung der Seele."

„Um die Heilung der Seele."

„Ja, deshalb saß er auch stundenlang im Beichtstuhl."

Felix dachte zurück an das, was er selbst an diesem Morgen gesehen hatte. Und er fragte sich, wie dieser leidende Pater es schaffte, stundenlang im Beichtstuhl zu sitzen und sich die Nöte all der Menschen anzuhören.

Dabei standen ihm auch die Wunden wieder vor Augen, die er an den Händen des Paters gesehen hatte – diese offenen, frisch wirkenden Fleischwunden. Ihren Anblick würde er wohl nie mehr vergessen.

Vermutlich handelte es sich dabei um die Wundmale Christi. Er hatte früher schon einmal gehört, dass es Menschen gab, die angeblich diese Wundmale hatten. War es nicht sogar Ruth gewesen, die ihm davon erzählt hatte? Doch solche Berichte hatte er insgeheim belächelt. Wie sollte so etwas möglich sein? Jetzt aber hatte er es mit eigenen Augen gesehen.

„Die Wunden, die er an den Händen hat, sind wohl die Wundmale Jesu, oder täusche ich mich da?", fragte er sicherheitshalber noch einmal nach.

„Du täuschst dich nicht, es sind die Wundmale Jesu", bestätigte Ruth. „Er hat dieselben auch an den Füßen und an der Seite."

„Wie kam er dazu?"

„Er befand sich betend vor einem Kreuz, als von diesem fünf Strahlen ausgingen, die seine Hände, seine Füße und sein Herz durchbohrten. Dabei muss er unvorstellbare Schmerzen gehabt haben. Seit diesem Ereignis hat er die Wundmale, die regelmäßig stark bluten und ihm beständiges Leiden bereiten."

„Wenn ich es richtig verstehe, dann hat Gott selbst ihm diese Wundmale und die damit verbundenen Schmerzen zugefügt – wie grausam! Warum?" Es fiel Felix schwer, einen Sinn in dem Ganzen zu sehen. Wie konnte Gott zulassen, dass ein Mensch so sehr verwundet wurde und so sehr litt – ja, es nicht nur zulassen, sondern ganz bewusst geschehen lassen!

„Das ist eine schwierige Frage und ich kann sie dir nicht ganz beantworten", erwiderte Ruth nach kurzem Nachdenken, „was ich dir aber dazu sagen kann, ist, dass Pater Pio ganz mit

Christus eins sein wollte, um so viele Menschen wie möglich zu ihm zu bringen. Er wollte alles tun, damit möglichst viele Menschen in der Ewigkeit bei Gott sein können."

„Wäre das nicht auch auf andere Art und Weise möglich gewesen?"

„Sicher gibt es viele Arten, um Menschen näher zu Gott zu bringen, und ganz bestimmt nicht für jeden die gleiche. Die Wundmale gehörten zum Weg Pater Pios – und Tatsache ist, dass Millionen von Menschen durch ihn berührt wurden und es auch gegenwärtig noch werden."

Nun, da hatte sie vermutlich recht. Die Wirkkraft, die dieser Mann hatte, schien in der Tat enorm zu sein, wenn in der Gegenwart – also über 50 Jahre nach seinem Tod – immer noch über sieben Millionen Menschen jährlich an seinen Sarg pilgerten. An seinen Sarg, wo sie nur die sterblichen Überreste seines Körpers sehen konnten. Allein die Tatsache, dass er da lag, reichte anscheinend aus, um die Menschen anzuziehen. Oder war da doch mehr? Hatte er eine solche Kraft, dass er selbst nach seinem Tod noch für die, die zu ihm kamen, da sein konnte?

Mechanisch beugte Felix sich hinab und zupfte eine der dürren Pflanzen ab, die am Wegrand standen, um sie dann langsam mit den Fingern in kleine Stücke zu zerbrechen. Eine Angewohnheit, die er so verinnerlicht hatte, dass er sie nicht einmal mehr bewusst wahrnahm.

Ruth musste lachen, als sie es sah. „Zupfst du immer noch an Pflanzen herum, wenn du spazieren gehst? Das hast du schon als kleiner Junge gemacht."

Felix sah sie verdutzt an, dann schaute er auf die Pflanze in seinen Händen. „Ja, manche Dinge ändern sich nie. Das ist so entspannend. Und es hilft beim Nachdenken."

Schweigend gingen sie wieder eine Weile nebeneinander her – es gab viel zum Nachdenken.

„Ich merke, dass die Wundmale dich sehr beschäftigen", setzte Ruth das Gespräch fort, „da bist du nicht der einzige. Es gibt viele Menschen, die extra hierherkamen, um diese Wundmale mit eigenen Augen zu sehen. Dabei wollte Pater Pio das gar nicht. Ihm lag nichts daran, den Menschen seine Wundmale zu zeigen; er wollte auf keinen Fall, dass sie im Zentrum der Aufmerksamkeit standen. Deshalb zog er tagsüber meist dunkelbraune Handschuhe an, aus denen lediglich die Finger herausschauten. Nur bei der Heiligen Messe, da waren sie zu sehen."

„Wenn er diese Wundmale schon aushalten musste, warum wollte er sie den Leuten dann nicht zeigen? Wären sie nicht der beste Beweis dafür gewesen, dass Christus in ihm war?"

„Diesen Beweis konnte er auch ohne die Wundmale erbringen. Du hast erlebt, wie er die Heilige Messe feierte – dabei spürte man, dass Christus selbst zugegen war. Auch wenn er im Beichtstuhl saß, dann war es Christus, der durch ihn sprach. Wie sonst hätte ihm die Seelenschau möglich sein sollen? Oder auch die Heilungen, die durch seine Hilfe erfolgten und seine Fähigkeit, an mehreren Orten gleichzeitig zu sein.

„Er war an mehreren Orten gleichzeitig?"

„Ja, das hört sich unglaubwürdig an – doch wie gesagt, bei Gott ist nichts unmöglich. Immer wieder berichteten Menschen, dass er ihnen begegnet war und ihnen in einer schwierigen Lage geholfen hatte, dabei hat er San Giovanni Rotondo nie verlassen. Es gibt noch viele andere wundersame Dinge, die durch ihn geschahen, doch sie alle jetzt aufzuzählen, das würde zu weit führen."

Felix warf das letzte Stück der Pflanze auf den Weg, dann bückte er sich, um eine neue zu pflücken. Die Auswahl an trockenen Stängeln war groß genug. Offensichtlich waren die letzten Wochen hier sehr heiß und trocken gewesen, denn der Boden war aufgerissen und staubig. Ein bisschen Regen hätte dem Land sicher nicht geschadet.

Aufgerissen und staubig – so ganz anders, als der Boden vor wenigen Stunden gewesen war, als er am offenen Sarg seines Vaters gestanden war. Und doch stand diese Situation jetzt wieder deutlich vor ihm. Er war dort gestanden und hatte vor allem Zorn empfunden – Zorn auf seinen Vater, wegen dem er so viel leiden musste und insgeheim auch Zorn auf Gott, der es zugelassen hatte, dass er einen solchen Vater hatte.

Es hieß doch immer, dass Gott die Liebe sei. Doch warum hatte er dann nicht eingegriffen? Warum hatte er es zugelassen, dass er so behandelt worden war? Das konnte er ihm nicht verzeihen.

Und hier begegnete er nun einem Menschen, der von Gott selbst mit Wundmalen gezeichnet worden war, der offensichtlich unter stärksten Schmerzen litt – und das seit Jahren – und sich dennoch für Gott an den Altar stellte, um die Messe zu lesen.

„Wieso macht er das?“, hörte er sich selbst fragen. „Warum liest er die Messe, wenn er solche Schmerzen hat, dass er kaum gehen kann, ja, wenn er nicht einmal die Hände heben kann, ohne zu leiden?“

„Weil ihm die Heilige Messe so überaus viel bedeutet. Er denkt, dass die Erde eher ohne die Sonne bestehen könnte, als ohne die Heilige Messe.[1]“

Felix blickte nach oben in die Sonne, die immer höher stieg und deren Leuchtkraft langsam, aber doch spürbar, zunahm, und erinnerte sich daran, was er in der Schule über ihre Bedeutung für die Erde gelernt hatte. Er hatte damals einen

Biologielehrer gehabt, der ein absoluter „Sonnenfan“ gewesen war. Ständig hatte er sie fotografiert – beim Aufgehen, beim Untergehen, in ihrer vollen Pracht – und immer wieder hatte er diese Fotos dann in den Unterricht mitgebracht, um den Schülern die Faszination und die Bedeutung der Sonne vor Augen zu führen. Felix dachte daran, wie sie hinter seinem Rücken oft darüber gelacht hatten – aber sein Ziel hatte er erreicht. Wohl keiner seiner Schüler würde je vergessen, was er ihnen über die Sonne beigebracht hatte und vor allem eines war hängengeblieben, und das sprach Felix jetzt auch aus: „Ohne die Sonne könnte die Erde überhaupt nicht bestehen.“

„Richtig. Das macht deutlich, wie wichtig die Heilige Messe in Pater Pios Augen ist. Und deshalb stellt er sich jeden Tag schon am frühen Morgen an den Altar, um sie zu lesen. Auch wenn er noch so sehr leidet. Am schlimmsten sind seine Schmerzen an den Tagen vor Ostern. Da nimmt er wahrhaft teil am Leiden Jesu. Die Wunden schmerzen noch mehr als sonst und bluten noch heftiger. Und trotzdem feiert er die Messe. Davon lässt er sich nicht abhalten.“

„Aber warum nicht? Warum feiert er die Messe, wenn er dabei so sehr leidet?“

„Ja, warum? Diese Frage kann ich dir nicht gleich beantworten; die Antwort wirst du während der nächsten Etappen unserer Reise Schritt für Schritt selbst erkennen. Es ist an der Zeit, San Giovanni Rotondo zu verlassen und zum Ursprung zu gehen.“

„Zum Ursprung?“

„Ja, zum Ursprung der Messe. Dorthin, wo sie ihren Anfang nahm.“[2]

Beim letzten Abendmahl

Kaum hatte Ruth den Satz beendet, befanden sie sich erneut an einem anderen Ort. Zwar standen sie wieder auf einer Anhöhe, doch der Ausblick war nicht zu vergleichen mit dem in San Giovanni Rotondo.

Hatten sie dort auf ein kleines Städtchen voller Harmonie geschaut, so schauten sie jetzt auf eine Stadt hinab, die vollkommen verwüstet war und in Trümmern lag. Kaum ein Stein stand auf dem anderen und die schwarzen Flecken inmitten der Trümmer ließen deutlich erkennen, dass viele der Gebäude durch Feuer zerstört worden waren.

„Wo sind wir?", fragte Felix schockiert.

„Auf dem Berg Zion", antwortete Ruth leise neben ihm. „Errätst du, auf welche Stadt du gerade blickst?"

Auf seinen ratlosen Blick hin meinte sie: „Das, was du hier siehst, ist Jerusalem."

„Jerusalem?"

„Ja, Jerusalem – die berühmte, ewige Stadt. Du kannst dir vielleicht denken, in welcher Zeit wir uns befinden."

„Soweit ich weiß, ist Jerusalem mehrmals zerstört worden, es könnte z.B. irgendwann um 70 nach Christus sein."

„Richtig geraten. In dieser Zeit befinden wir uns jetzt. Das, was du hier sehen kannst, sind die Folgen eines monatelangen Kampfes. Über einer Million Menschen wurde dabei das Leben genommen – die meisten davon waren Juden."

„Und am Ende war die Stadt in der Hand der Römer."

„Ja, am Ende herrschten die Römer. Und Jerusalem war kaum wiederzuerkennen. Das große Trümmerfeld, das du dort drüben sehen kannst, das war einmal der Tempel. Hier hatten gläubige Juden jeden Tag zu Gott gebetet und ihm zahlreiche Opfer dargebracht. Nachdem dieser Ort zerstört worden war, waren manche so betroffen, dass sie sich freiwillig ins Schwert der Feinde stürzten."

„Sie ließen sich freiwillig töten?"

„Ja, denn nachdem der Tempel nicht mehr stand, bedeutete ihnen ihr Leben nichts mehr."

„Das ist doch fanatisch", warf Felix ein.

„Verzweifelt", widersprach Ruth.

Schweigend betrachtete Felix die Überreste der Stadt. Und für einen kurzen Moment sah er sie vor sich – Menschen, die schreiend flüchteten, Menschen, die erbarmungslos aufeinander einschlugen und Menschen, die sich völlig hoffnungslos ins Schwert stürzten.

Es war ihm, als könne er jetzt noch das Entsetzen und die Verzweiflung derer spüren, die dieser Zerstörung ausgeliefert waren. Wenn er sich vorstellte, seine eigene Heimatstadt würde so ausschauen – so vollkommen verwüstet und nicht wiederzuerkennen. Ein Haufen aus Asche und Trümmern. Dazwischen die Körper von toten Menschen, um die sich keiner mehr kümmerte. Nein. An so etwas wollte er lieber gar nicht erst denken. Und er wollte seinen Blick auch nicht länger an diese Stätte der Zerstörung hängen, es musste doch noch etwas anderes zu sehen geben an dem Ort, an dem sie gerade waren.

Als er sich umdrehte, bemerkte er, dass sie direkt vor dem Eingang eines alten Hofgebäudes standen. Dieses war mit dicken Steinmauern umgeben und lag im Schatten zahlreicher Bäume, die das Anwesen umringten. Neugierig trat er ein paar Schritte vor, um zu sehen, was sich innerhalb der Mauern befand und er bemerkte in der Mitte des Hofes ein längliches

Gebäude, welches ein niedriger Säulengang umgab. Was sich darin wohl befand?

„Ist es in Ordnung, wenn ich mir das einmal genauer anschaue?", fragte er Ruth, während er geradewegs auf das Gebäude zuging.

„Natürlich. Du näherst dich soeben einem sehr bedeutenden Ort."

„Einem bedeutenden Ort? Ist dieses Bauwerk denn bedeutend?"

„O ja, sehr sogar. Allein die Tatsache, dass es immer noch steht, während in Jerusalem so gut wie alles in Trümmern liegt, spricht doch schon für sich."

„Vielleicht haben die Römer es einfach übersehen. Oder es kam ihnen so belanglos vor, dass sie es nicht der Mühe wert fanden, es zu zerstören."

„So kann man vielleicht denken, wenn man einen nichtigen Grund finden möchte", erwiderte Ruth. „Der wahre Grund für die Erhaltung aber ist ein anderer. Gott selbst hat dieses Gebäude beschützt, denn es ist in seinen Augen sehr wertvoll. Warum, das wirst du bald selbst sehen. Geh ruhig weiter und schau es dir von innen an."[3]

Nur zu gern kam Felix dieser Aufforderung nach. Schon immer hatte es ihm viel Freude gemacht, alte Dinge zu erforschen. Generell hatte das Alte einen hohen Reiz für ihn. Das hatte sich schon in seiner Kindheit gezeigt, wenn er bei seinen Großeltern zu Besuch gewesen war. Da diese nicht viel davon gehalten hatten, ihr Haus zu entrümpeln, war der Speicher – der im Übrigen sehr groß war – gefüllt gewesen mit Dingen aus längst vergangen Zeiten. Stundenlang hatte er sich dort aufgehalten und jedes Mal wieder etwas Neues entdeckt, das seine Aufmerksamkeit fesselte.

Doch das hier war doch noch einmal etwas ganz anderes – sich um das Jahr 70 nach Christus auf einem Anwesen zu befinden, von dem behauptet wurde, dass Gott selbst es vor der Zerstörung bewahrt hatte – dass er so etwas Außergewöhnliches einmal erleben würde, das hätte er im Traum nicht gedacht. Im Traum, das war das Schlagwort. Er fragte sich zum wiederholten Male, ob das, was er gerade wahrnahm, wirklich real sein konnte, oder ob es nicht vielleicht doch nur ein spannender Traum war, aus dem er jeden Moment aufwachen würde.

Aber wozu sollte er sich darüber viele Gedanken machen, für den Augenblick galt es erst einmal, das eigenartige Gebäude zu erforschen. Und die Aufregung, die ihn erfasste, als er es zusammen mit Ruth durch einen schmalen Eingang betrat, die fühlte sich ganz und gar nicht nach einem Traum an.

Zunächst standen sie in einem kleinen Vorraum, in dem sich nichts Besonderes befand. Von ihm aus gelangten sie in einen hohen Saal, von dessen Decke mehrere Lampen herunterhingen. Diese waren nicht an, und trotzdem war es hell, denn oben an den Mauern gab es Öffnungen, durch die das Tageslicht in hellen Strahlen hereinfiel.

„Bei Festen werden die Wände mit Teppichen und schönen Matten bekleidet", erklärte Ruth, „wenn dann die Lampen brennen und alle in ihren besten Gewändern erscheinen, dann wird der Saal zu einem wahren Festsaal."

Felix fand auch so schon, dass dieser Raum eine große Faszination hatte. Obwohl er insgesamt recht einfach war, strahlte er etwas Besonderes aus. Man fühlte sich geborgen und hätte ewig verweilen können, wenn man auch nicht recht wusste, wieso.

Während er sich genauer umschaute, entdeckte er noch etwas Interessantes: einen Vorhang am hinteren Ende des Saales. Was der wohl verbarg? Gespannt trat er näher und als er ihn beiseiteschob, sah er einen weiteren Raum. In diesem befand sich eine Steinbank, die aus der Wand heraussprang und die Gestalt eines rechtwinkligen Dreiecks hatte. Für was sie gut sein sollte, das war Felix ein Rätsel.

„Hier legte man seine Kleidung ab", erklärte Ruth, „außerdem wurde hier das Paschalamm zubereitet – und zwar auf dieser seltsamen Steinbank. Für uns wird dieser Raum heute eine ganz besondere Bedeutung haben, denn wir werden von hier aus Zeugen eines bewegenden Ereignisses werden. Doch dazu können wir nicht in der Zeit bleiben, in der wir uns gerade befinden. Wir müssen über 40 Jahre zurückgehen."[4]

Kaum hatte sie das gesagt, kam es zu einer Veränderung im Gebäude. Hatte soeben noch helles Tageslicht alles erleuchtet, so war es nun viel dunkler geworden. Das Licht von außen reichte nicht mehr aus und eine Lampe erhellte den Platz, an dem sie standen. Auch durch den Vorhang hindurch drangen ein paar Lichtschimmer – offensichtlich waren auch dahinter die Lampen angezündet worden. Felix atmete tief ein, als der verführerische Duft frischen Bratens in seine Nase drang.

Von nebenan erklangen mehrere Stimmen. Vorsichtig ging Felix zum Vorhang und zog ihn ein wenig zur Seite – gerade weit genug, um einen Blick hindurch werfen zu können. Was er sah, ließ ihn den Atem anhalten.

Um einen hölzernen Tisch herum saßen 13 Männer, die mit langen Gewändern gekleidet waren und etwas längeres Haar hatten. Alle Blicke waren wie gebannt auf einen Mann in der Mitte gerichtet, von dem ein helles Leuchten auszugehen schien. Sein Haar war dunkel und leicht gewellt, er trug einen kurzen Bart und hatte ein helles Gewand an. Vor ihm auf dem Tisch standen ein Teller mit dünnen, weißlichen Broten und ein Kelch.

Ohne dass Ruth es sagen musste, wusste Felix, dass es Jesus war, der hier mit seinen Jüngern saß und das letzte Abendmahl feierte.

Er fragte sich, wie es sein konnte, dass er selbst, ein so gewöhnlicher Mensch, die Ehre hatte, diese Begebenheit sehen zu dürfen und wusste zugleich, dass er dafür keine Erklärung finden würde. Und in diesem Moment wurde ihm etwas Entscheidendes bewusst: Es gibt Dinge zwischen Himmel und Erde, auf die ein Mensch keine Antwort finden kann, Dinge, die nur Gott weiß und die man stehen lassen muss, wie sie sind.

Und anstatt sich weiter Gedanken zu machen, die zu nichts führen konnten, konzentrierte er sich wieder auf Jesus, der gerade dabei war, seinen Blick nach oben zu richten und ein Gebet zu sprechen. Felix Augen blieben an seinem Gesicht hängen, das wie verklärt wirkte und auf dem der Ausdruck übergroßer Güte lag. Nach einer Weile senkte Jesus den Kopf und nahm eines der Brote, die vor ihm lagen, in die Hände. Wieder sagte er ein paar Worte, dann brach er das Brot und reichte es seinen Jüngern. Obwohl er hebräisch sprach, konnte Felix die Worte verstehen, die er dabei sagte. Es waren die gleichen, die er in der Kirche während der Wandlung schon so oft gehört hatte: „Nehmt und esst; das ist mein Leib.“[5] Und wie in der Kirche forderte Jesus die Jünger dazu auf, dies zu seinem Gedächtnis weiterhin zu tun.

Auf den Gesichtern der Männer war tiefe Ergriffenheit zu sehen, als sie das Brot nahmen und ehrfürchtig aßen. Nur einer wirkte nicht ergriffen. Er nahm das Brot zwar zu sich, schien aber mit dem Herzen ganz woanders zu sein. Ständig schaute er sich um, als würde er auf jemanden warten.

Felix achtete nicht länger auf ihn, er konzentrierte sich lieber wieder auf Jesus. Der wandte sich dem Kelch zu. Er nahm ihn in die Hände und wieder richtete er seinen Blick nach oben, während er voller Inbrunst betete. Außer seinem Gebet war kein Laut zu hören und alle blickten schweigend zu ihm hin. Als er das Gebet beendet hatte, wandte er sich an seine Jünger. Er reichte ihnen den Kelch mit den Worten: „Trinkt alle daraus; das ist mein Blut, das Blut des Bundes, das für viele vergossen wird zur Vergebung der Sünden."[6] Erneut zeigte sich große Ergriffenheit auf den Gesichtern der Männer, während einer nach dem anderen den Kelch in die Hände nahm und daraus trank.

Jesus sprach weiter zu den Jüngern, was er jedoch genau sagte, konnte Felix nicht mehr verstehen. Doch das störte ihn nicht weiter, ihm genügte es, da sein zu dürfen und das Ganze aus der Ferne zu beobachten. Mittendrin stand der Mann, der schon vorher mit dem Herzen woanders gewesen war, auf und ging hinaus. Alle übrigen blieben und lauschten weiterhin den Worten Jesu. Felix konnte sehen, wie Jesus immer eindringlicher zu ihnen sprach und wie sein Gesichtsausdruck dabei immer ernster, aber zugleich auch immer liebevoller wurde.

Nach einer Weile machten sich dann alle bereit zum Aufbruch. Einer nach dem anderen standen sie auf, löschten die Lampen auf den Tischen, brachten ihre Gewänder in Ordnung und verließen gemeinsam das Gebäude. Ruth und Felix gingen ebenfalls hinaus und blickten ihnen lange nach – so lange, bis auch der Letzte aus ihrem Blickfeld entschwunden war. Dann waren sie wieder alleine.

„Weißt du jetzt, warum Gott diesen Ort vor der Zerstörung bewahrt hat?", fragte Ruth nach einer Weile des Schweigens.

„Weil Jesus hier das letzte Abendmahl feierte", meinte Felix.

„Ja", bestätigte Ruth, „genau deshalb; weil Jesus hier das letzte Abendmahl feierte, wurde dieses Gebäude nicht zerstört. Denn dieses Abendmahl ist von entscheidender Bedeutung. Mit ihm setzte Jesus die Eucharistie ein, die wir zu seinem Gedächtnis bis heute feiern – so, wie er es wollte. Du hast selbst gehört, wie er die Jünger aufforderte, das Brot, das zu seinem Leib wird, auch in Zukunft zu essen. Diese Aufforderung gilt nicht nur für die Jünger, sondern auch für uns."

„Ich habe es gehört", bestätigte Felix. „Das heißt also, dass wir die Heilige Messe bis heute feiern, weil Jesus es so will?"

„Richtig. Weil Jesus es will, feiern wir sie bis heute. Mal abgesehen davon, dass wir selbst durch jede Heilige Messe ganz reich beschenkt werden. Aber dazu später mehr. Das würde jetzt zu weit führen."

„Wie geht es nun denn weiter?"

„Mit Jesus?", fragte Ruth.

„Nein, ich weiß, was jetzt mit ihm passiert."

Es war ihnen beiden bewusst, dass für Jesus gerade die schlimmsten Stunden seines Lebens anbrachen. Gleich würde er verhaftet werden und dann großem Leid ausgesetzt sein. Er würde verhört, verleumdet und verlacht werden, geschlagen und gegeißelt und schließlich am Kreuz sterben.

„Wie geht es mit unserer Reise weiter? Folgen wir Jesus, um zu sehen, wie er ans Kreuz geschlagen wird oder reisen wir wieder in der Zeit?"

„Wir reisen wieder in der Zeit. Mir ging es darum, dir zu zeigen, wie die Eucharistie ihren Anfang nahm, dass sie von Jesus selbst eingesetzt wurde. Und dass er die Jünger dazu aufforderte, sie zu seinem Gedächtnis weiterhin zu feiern. Die Grausamkeit dessen, was jetzt kommt, möchte ich dir ersparen. Ich weiß nicht, ob du es ertragen würdest, die Kreuzigung mit eigenen Augen zu sehen. Außerdem: Wenn du beim Leiden Jesu dabei sein willst, brauchst du nur in die Heilige Messe zu gehen."

„Wie meinst du das? Wenn ich in die Messe gehe, sehe ich doch nicht, wie Jesus leidet", warf Felix ein.

„Du siehst es nicht und doch bist du dabei. Du bist dabei, wie sie ihm die Kleider vom Leib reißen und ihn mit roher Gewalt aufs Kreuz werfen. Wie sein Blut spritzt, während die spitzen Nägel seinen Körper durchbohren. Wie sie das Kreuz aufstellen. Wie die Löcher an seinen Händen und Füßen größer werden und das Blut aus allen Wunden seines Körpers fließt. Du bist dabei, wie er stundenlang am Kreuz leidet, während sie ihn weiterhin verspotten. Wie er sich von allen verlassen fühlt und zu Gott schreit. Du bist dabei, wie er stirbt."

Wie bitte? Er sollte beim Tod Jesu dabei sein, wenn er in die Heilige Messe ging? So etwas war doch nicht möglich. Jetzt gerade war der Tod Jesu nur wenige Stunden entfernt, jetzt könnte er dabei sein. Aber wenn er wieder in der Gegenwart war, würde der Tod Jesu circa 2000 Jahre zurückliegen. Wie sollte er da direkt dabei sein können?

Ruth beobachtete, wie es in ihm arbeitete. Dann sagte sie: „Ich weiß, dass man sich das nur schwer vorstellen kann und dennoch ist es so. Bei jeder Heiligen Messe wird das Kreuzesopfer Jesu Christi vergegenwärtigt – nur eben unblutig."

„Das verstehe ich nicht. Könntest du das bitte etwas genauer erklären?"

„Ich will es versuchen. Das Opfer der Eucharistie und das Opfer Christi am Kreuz sind ein einziges Opfer. Denn immer ist es Jesus Christus selbst, der sich opfert – damals und heute. Nur die Art und Weise ist verschieden.[7] Damals wurde Jesus vor den Augen vieler ans Kreuz geschlagen, wo er blutüberströmt starb, heute nimmt der Priester eine Hostie und einen Kelch in die Hände und spricht die Wandlungsworte. Doch nicht der Priester bringt das eigentliche Opfer dar, es ist Jesus, der durch den Priester wirkt und sich selbst als Opfer darbringt. Auch wenn du es nicht sehen kannst, ist es Jesus, der am Altar steht. Und immer, wenn die Verwandlung des Brotes in den Leib Christi und die Verwandlung des Weines in das Blut Christi vollzogen wird, ist sein Kreuzesopfer, das beinahe 2000 Jahre zurückliegt, Gegenwart. Deshalb ist es richtig, wenn ich sage, dass du dabei bist, wie Jesus am Kreuz stirbt, wenn du in die Heilige Messe gehst."[8]

Das war doch ein wenig kompliziert, fand Felix, darüber musste er noch einmal nachdenken, um es wirklich zu begreifen. Etwas, das fast 2000 Jahre zurücklag, sollte plötzlich wieder Gegenwart sein. Und das auch noch regelmäßig – bei jeder Heiligen Messe, die gefeiert wurde. Und im Priester sollte Jesus sein, der das Brot zu seinem Leib und den Wein zu seinem Blut umwandelte.

„Und weil Jesus sich selbst als Opfer für uns darbringt und in der Kommunion leibhaftig zu uns kommt", fuhr Ruth fort, „sollten wir möglichst rein sein, wenn wir ihn empfangen und im Vorfeld keine schwere Sünde begangen haben, die noch nicht gebeichtet wurde. Am besten ist es überhaupt, wenn die letzte Beichte nicht allzu lange zurück liegt, wenn wir zur Kommunion gehen."

„Nicht allzu lang? Meine war vor 13 Jahren."

„Nun, dann solltest du dringend wieder einmal beichten gehen, bevor du Jesus das nächste Mal empfängst."

„Hm, wenn Jesus wirklich in der Kommunion zu mir kommt, dann vielleicht. Aber woher will ich wissen, dass er das tut? Kann es nicht sein, dass er die Aussage, dass das Brot zu seinem Leib wird, nur symbolisch gemeint hat und nicht wörtlich?"

„Nein, das kann nicht sein", widersprach Ruth, „er hat es absolut wörtlich gemeint."

„Woher will man das so genau wissen? Wenn er es wörtlich gemeint hätte, hätten die Jünger doch ganz anders reagieren müssen! Ich meine, wenn man so etwas hört, kann man doch nicht so ruhig bleiben, wie sie es waren. Das ist doch ein Grund für Aufregung, für viele Fragen und vielleicht sogar Zweifel."

„Die Jünger waren so ruhig, weil Jesus schon öfter davon gesprochen hatte, dass er ihnen seinen Leib zu essen und sein Blut zu trinken geben würde. Für sie war es nichts Neues. Außerdem – als Jesus es das erste Mal vor vielen Leuten sagte, da haben viele so reagiert, wie du es erwartet hättest. Sie haben sich aufgeregt und waren empört. Was sie nicht gewesen wären, wenn Jesus es nur symbolisch gemeint hätte. Aber das hat er eben nicht. Er hat es wörtlich gemeint – ganz wörtlich. Wenn du willst, können wir auch ein wenig in der Zeit zurückgehen, sodass du es selbst miterleben kannst."

„Das würde ich gerne. Wenn ich schon die Möglichkeit habe …"[9]

Am See Genezareth

Und schon befanden sie sich wieder an einem anderen Ort. War es eben noch Abend gewesen, so herrschte jetzt heller Tag. Sie waren nicht mehr auf einer Anhöhe, sondern am Ufer eines großen Sees, dessen tiefblaues Wasser die hellen Strahlen der Sonne widerspiegelte.

Unter ihren Füßen befand sich weicher Boden, in dem viele kleine Meerestiere verborgen waren. Er war von der Sonne ganz warm geworden und gab unter jedem Schritt, den man auf ihm ging, nach, sodass er die Spuren vieler Menschen in sich trug.

Immer wieder bewegten sich kleinere und größere Wellen auf den Strand zu, wo sie sanft ausrollten, bevor ihr Wasser in den See zurückgezogen wurde.

Mit den Wellen kamen zugleich ein paar Boote an Land. Die Menschen, die sich darin befanden, hatten es offensichtlich sehr eilig; denn sobald sie genug Land unter den Füßen hatten, stürzten sie aus den Booten, zerrten sie ans Ufer und liefen zu einer Menschenmenge, die ganz in der Nähe stand.

Neugierig traten auch Felix und Ruth an diese heran.

Während sie näherkamen, bemerkte Felix den leichten Wind, der über das Land strich, dabei ein wenig Staub aufwirbelte und mit den Haaren und Gewändern der Menschen spielte, die dort zusammengekommen waren.

Auch vor Jesus, der in einem hellen Gewand mitten in der Menge stand, machte er keinen Halt. Doch dieser bot nur wenig Angriffsfläche, da sich die Menschen so dicht um ihn drängten, dass er sich kaum rühren konnte.

„Wo sind wir gerade?“, flüsterte Felix Ruth zu.

„Am See Genezareth, in der Nähe von Kafarnaum“, klärte sie ihn auf.

Kafarnaum – den Namen dieses Dorfes hatte er schon öfters gehört, aber er konnte sich trotzdem keine genauere Vorstellung von ihm machen.

„Kafarnaum spielte eine große Rolle im Leben Jesu“, fügte Ruth hinzu. „Aus diesem kleinen Ort stammten mehrere seiner Jünger: die Brüder Simon Petrus und Andreas, und auch Jakobus und Johannes. Jesus kam oft hierher, um die Menschen zu lehren. Er war auch mehrmals im Haus Petri zu Besuch, wo er immer mit offenen Armen aufgenommen wurde. Vielleicht erinnerst du dich an die Erzählung über die Schwiegermutter von Petrus, die Jesus heilte. Das war hier in Kafarnaum.“

Felix blickte wieder auf Jesus, der sich inzwischen vom See entfernte und in Richtung Dorf ging. Er schritt zügig voran und hielt in der rechten Hand einen Wanderstock, den er bei jedem zweiten Schritt in den Boden eintauchte. Die Leute blieben an seiner Seite und während sie gingen, unterhielt Jesus sich weiterhin mit ihnen. Er sprach sehr überzeugend und viele der Anwesenden hingen an seinen Lippen.

Felix hörte, wie er zu ihnen sagte, dass sie hier seien, weil sie von den Broten gegessen hätten und satt geworden seien. Sie sollten sich aber nicht für die Speise abmühen, die verderbe, sondern für die Speise, die für das ewige Leben bleibe, und die der Menschensohn ihnen gebe. Weil sie von Broten gegessen hatten und satt geworden waren, kamen die Menschen hierher? Jeder wurde satt, wenn er genug Brot aß – das war eine natürliche Folgeerscheinung. Warum sollte das Essen von Brot bewirken, dass Menschen Jesus folgten und nicht von seiner Seite wichen?

Felix konnte sich das nicht erklären: „Von welchen Broten haben die Leute denn gegessen?“

„Von den Broten, die Jesus vermehrt hat. Kannst du dich noch an das Wunder der Brotvermehrung erinnern?"

Und ohne seine Antwort abzuwarten, begann Ruth zu erzählen: „Gestern kamen Tausende zu Jesus, um seinen Worten zu lauschen. Nach einer Weile bekamen sie Hunger, es gab aber nur fünf Brote und zwei Fische. Den Jüngern war es unmöglich, damit alle zu sättigen, nicht aber Jesus. Er nahm die Brote und die Fische, sprach das Dankgebet und ließ sie dann an die Menschen verteilen. Das Wunder geschah – alle wurden satt und am Ende blieben sogar noch zwölf Körbe voller Brot übrig."

„Und das soll wirklich so geschehen sein?", wandte Felix ein. „Es hört sich an wie ein Märchen. Ich weiß, dass es in der Bibel steht, aber ist es nicht eher symbolisch zu verstehen? Auch wenn Jesus ein herausragender Mensch war, kann ich mir nicht erklären, wie er so ein Wunder bewirkt haben sollte."

„Jesus war nicht nur ein ‚herausragender Mensch', er war viel mehr als das – Jesus war und ist Gottes Sohn und somit auch selbst Gott. Und für Gott ist nichts unmöglich. Er hat noch ganz andere Wunder gewirkt als dieses: Er hat zahlreiche Kranke geheilt, Dämonen ausgetrieben und sogar Tote wieder zum Leben erweckt. Wenn er sogar Tote auferstehen ließ, warum sollte er dann nicht auch fähig gewesen sein, Brote und Fische zu vermehren?"

„Selbst wenn es ihm möglich gewesen wäre – wozu hätte er so etwas machen sollen?"

„Damit die Menschen durch ihn das Wirken Gottes erfuhren und zum Glauben kamen."

In dem Moment sah Felix, wie ein Mann nahe an Jesus herantrat, ihn am Arm berührte und fragte: „Herr, was müssen wir tun, um die Werke Gottes zu vollbringen?"

Jesus antwortete ihm: „Das ist das Werk Gottes, dass ihr an den glaubt, den er gesandt hat."

Daraufhin fragte ihn ein anderer Mann: Welches Zeichen tust du, damit wir es sehen und dir glauben? Was tust du?" Und er erinnerte Jesus an das Manna, das die Väter in der Wüste gegessen hatten.

Das Manna in der Wüste – davon hatte Felix schon gehört. Immer wieder war in der Bibel die Rede davon. Dieses Brot hatten die Israeliten von Gott bekommen, als sie kurz vor dem Verhungern waren. Er versuchte, sich das Ganze bildlich vorzustellen. Nachdem sie aus Ägypten geflohen waren, zogen die Israeliten unter der Führung Moses durch die Wüste, von oben brannte die Sonne auf sie herab, von unten brannte der Sand unter ihren Füßen. Das Wasser war knapp. Wie verzweifelt mussten sie gewesen sein, als sie bemerkten, dass auch das Essen dem Ende zuging. Sie sorgten sich um ihre Kinder, die immer schwächer wurden und auch um ihr eigenes Leben. Und in dieser Situation bekamen sie Hilfe von Gott. Jeden Morgen ließ er Brot vom Himmel fallen und zeigte den Menschen dadurch, dass er immer noch für sie da war. Dieses Brot war ihre Rettung und die Israeliten glaubten weiterhin an Gott.

Felix konnte sich zwar nicht vorstellen, wie es möglich sein sollte, dass Brot vom Himmel fiel, wollte es aber einfach einmal stehen lassen. Tatsache war, dass die anwesenden Juden offensichtlich an die Wahrheit dieser Begebenheit glaubten und jetzt von Jesus ein ähnliches Zeichen forderten.

Jesus blieb stehen und sah den Mann an, der ihn an das Manna erinnert hatte. Dann sagte er so laut, dass alle es hören konnten: „Amen, amen, ich sage euch: Nicht Mose hat euch das Brot vom Himmel gegeben, sondern mein Vater gibt euch das wahre Brot vom Himmel. Denn das Brot, das Gott gibt, kommt vom Himmel herab und gibt der Welt das Leben."

Da baten sie ihn: „Herr, gib uns immer dieses Brot!"

Und Jesus antwortete ihnen: „Ich bin das Brot des Lebens; wer zu mir kommt, wird nie mehr hungern, und wer an mich glaubt, wird nie mehr Durst haben. Aber ich habe euch gesagt: Ihr habt gesehen und doch glaubt ihr nicht.

Alles, was der Vater mir gibt, wird zu mir kommen, und wer zu mir kommt, den werde ich nicht abweisen; denn ich bin nicht vom Himmel herabgekommen, um meinen Willen zu tun, sondern den Willen dessen, der mich gesandt hat.

Es ist aber der Wille dessen, der mich gesandt hat, dass ich keinen von denen, die er mir gegeben hat, zugrunde gehen lasse, sondern dass ich sie auferwecke am Letzten Tag.

Denn es ist der Wille meines Vaters, dass alle, die den Sohn sehen und an ihn glauben, das ewige Leben haben und dass ich sie auferwecke am Letzten Tag."[10]

Nachdem Jesus das gesagt hatte, wurden viele der Menschen unruhig und begannen zu murren. Felix hörte, wie ein Mann einem anderen zuraunte: „Wie kann er so etwas sagen? Wie kann er behaupten, er sei das Brot, das vom Himmel herabgekommen ist?"

Der andere erwiderte: „Du hast recht! Diese Aussage ist unerhört! Ich war zwar gestern dabei, als er das Brot und die Fische vermehrt hat, und ich dachte sogar, dass er wirklich eine besondere Vollmacht von Gott hat. Aber das geht zu weit!"

„Und dazu noch die Aussage, dass er uns auferwecken wird am Letzten Tag, das kann doch nur Gott! Wie kann er so etwas von sich behaupten?"

Wieder ein anderer Mann rief so laut, dass alle es hören mussten: „Ist das nicht Jesus, der Sohn Josefs, dessen Vater und Mutter wir kennen? Wie kann er jetzt sagen: Ich bin vom Himmel herabgekommen?“[11]

Jesus bemerkte, wie unruhig die Menschen wurden und wie wankelmütig sie im Glauben waren.

Er sagte zu ihnen: „Murrt nicht! Niemand kann zu mir kommen, wenn nicht der Vater, der mich gesandt hat, ihn zu mir führt; und ich werde ihn auferwecken am Letzten Tag. Amen, amen, ich sage euch: Wer glaubt, hat das ewige Leben.“[12]

Inzwischen waren sie in Kafarnaum angekommen. Sie gingen durch die Straßen des kleinen Dorfes, in dem sich zahlreiche Steinhäuser befanden. Vor vielen Häusern waren Fischernetze zu sehen, die zum Trocknen aufgehängt worden waren.

Am Straßenrand und in den kleinen Gärten standen Bäume aller Art – unter anderem mehrere Palmen, ein Hinweis darauf, dass das Klima hier das ganze Jahr über sehr mild sein musste. Felix konnte in den Gärten auch viele Früchte sehen, vor allem Trauben und Feigen gab es in Fülle.

Jesus schritt zielgerichtet auf ein großes Gebäude zu, das er durch eine breite Eingangstür betrat, während die meisten der Menschen, die mit ihm gegangen waren, im Freien blieben.

Nur ein paar folgten ihm, darunter auch Ruth und Felix. Gleich darauf befanden sie sich in einem großen Raum, in dessen Mitte ein steinerner Altar stand, auf welchem mehrere Schriftrollen lagen. Rechts und links vom Eingang ragten hohe Säulen empor und an den Wänden hingen viele kleine Lampen, die Licht schenkten. Das Gebäude hatte keine Fenster im herkömmlichen Sinn, aber ganz oben an den Wänden befanden sich kleine Öffnungen, durch die ein wenig Tageslicht hereindrang. Offensichtlich befanden sie sich gerade in einer jüdischen Synagoge.

Jesus stand in der Mitte des Raumes, um ihn herum waren mehrere Männer, die noch immer über die Worte diskutierten, die er auf dem Weg hierher gesprochen hatte.

Die Männer, die bereits vor ihrem Erscheinen in der Synagoge versammelt gewesen waren, wollten wissen, was die Neuankömmlinge so sehr erregte. Als sie erfuhren, dass Jesus von sich behauptete, dass er das Brot vom Himmel sei und dass er alle, die an ihn glaubten, auferwecken werde am Letzten Tag, gerieten auch sie in große Aufregung und schlossen sich der Diskussion an.

Jesus selbst blieb vollkommen ruhig und nachdem es wieder stiller wurde im Raum, richtete er erneut das Wort an die Anwesenden: „Ich bin das Brot des Lebens. Eure Väter haben in der Wüste das Manna gegessen und sind gestorben. So aber ist es mit dem Brot, das vom Himmel herabkommt: Wenn jemand davon isst, wird er nicht sterben.

Ich bin das lebendige Brot, das vom Himmel herabgekommen ist. Wer von diesem Brot isst, wird in Ewigkeit leben. Das Brot, das ich geben werde, ist mein Fleisch, ich gebe es hin für das Leben der Welt.“[13]

Wieder stritten sich die Juden und fragten entrüstet: „Wie kann er uns sein Fleisch zu essen geben?“

Jesus sagte zu ihnen: „Amen, amen, das sage ich euch: Wenn ihr das Fleisch des Menschensohnes nicht esst und sein Blut nicht trinkt, habt ihr das Leben nicht in euch.

Wer mein Fleisch isst und mein Blut trinkt, hat das ewige Leben, und ich werde ihn auferwecken am Letzten Tag.

Denn mein Fleisch ist wirklich eine Speise und mein Blut ist wirklich ein Trank. Wer mein Fleisch isst und mein Blut trinkt, der bleibt in mir und ich bleibe in ihm.

Wie mich der lebendige Vater gesandt hat und wie ich durch den Vater lebe, so wird jeder, der mich isst, durch mich leben."[14]

Und noch einmal stellt er einen Bezug zum Manna in der Wüste her: „Dies ist das Brot, das vom Himmel herabgekommen ist. Mit ihm ist es nicht wie mit dem Brot, das die Väter gegessen haben; sie sind gestorben. Wer aber dieses Brot isst, wird leben in Ewigkeit."[15]

Nach diesen Worten entbrannte erneut eine heftige Diskussion. Jesus aber verließ die Synagoge und mit ihm mehrere der Männer, die mit ihm gekommen waren.

Beim Hinausgehen sagten viele der Jünger: „Was er sagt, ist unerträglich. Wer kann das anhören?"[16]

Jesus, der sie murren hörte, fragte sie: „Daran nehmt ihr Anstoß? Was werdet ihr sagen, wenn ihr den Menschensohn hinaufsteigen seht, dorthin, wo er vorher war? Die Worte, die ich zu euch gesprochen habe, sind Geist und sind Leben. Aber es gibt unter euch einige, die nicht glauben. Deshalb habe ich zu euch gesagt: Niemand kann zu mir kommen, wenn es ihm nicht vom Vater gegeben ist."[17]

Daraufhin wandten sich viele der Jünger von Jesus ab und verließen ihn, sie wollten nicht länger hören, was er sagte. Dieser schien darüber sehr traurig zu sein und blickte ihnen lange nach.

Nur zwölf Jünger waren bei ihm geblieben, Felix erkannte in ihnen die gleichen Zwölf, die er auch im Abendmahlsaal gesehen hatte.

An diese wandte sich Jesus nun und fragte: „Wollt auch ihr weggehen?"

Einer von ihnen antwortete ihm: „Herr, zu wem sollen wir gehen? Du hast Worte des ewigen Lebens. Wir sind zum Glauben gekommen und haben erkannt: Du bist der Heilige Gottes."[18]

Was Jesus darauf erwiderte und was sonst noch gesprochen wurde, konnte Felix nicht mehr hören, denn Ruth gab ihm ein Zeichen, sich zu entfernen.

Sie verließen das Dorf, gingen an der Synagoge, den Häusern mit den Fischernetzen, den Gärten mit den Früchten und vielfältigen Bäumen vorbei, und wieder in Richtung See. Auf dem Weg unterhielten sie sich nicht, zu viele Dinge gingen Felix durch den Kopf.

Die Worte Jesu waren sehr klar gewesen, er hatte mit einer solchen Leidenschaft gesprochen und unmissverständlich klar gemacht, dass er wirklich sich selbst, sein eigenes Fleisch, zu essen geben wollte. Hätte er diese Aussage nur symbolisch gemeint, dann wären die Menschen wohl kaum so aufgebracht gewesen und sie hätten sich auch nicht scharenweise von ihm abgewandt.

Er hatte es also wörtlich gemeint. Und die Versprechen, die er denen gab, die sein Fleisch aßen, waren groß – er versprach ihnen, dass er in ihnen bleiben würde und dass sie das ewige Leben erhalten würden. Felix fiel nichts ein, was größer hätte sein können.

„Also gut", wandte er sich wieder an Ruth, „Jesus hat gesagt, dass das Brot sein Fleisch ist und der Wein sein Blut und er hat es auch so gemeint. Doch woher soll ich wissen, ob er wirklich in den Hostien und im Wein ist, über die ein Priester die Wandlungsworte spricht? Woher weiß ich, dass ein Priester tatsächlich die Vollmacht hat, Hostien und Wein in Leib und Blut Jesu umzuwandeln? Mir reichen die Worte, die dazu in der Bibel stehen, nicht aus. Ich brauche Beweise."

„So geht es vielen Menschen und Gott weiß das. Deshalb schenkt er uns auch immer wieder einmal Zeichen dafür, dass Jesus wirklich in dem Wein und in der Hostie gegenwärtig ist.

Zum Beispiel die sogenannten Hostienwunder. Hast du davon schon einmal gehört?"

„Nein, noch nie."

„Gut, dann wirf einen letzten Blick auf den Ort, an dem wir gerade sind, den tiefblauen See und den weitläufigen Strand, denn gleich werden wir in einer anderen Gegend sein. Und natürlich auch wieder in einer anderen Zeit."[19]

In Lanciano

Das Erste, was Felix wahrnahm, war das laute Hupen eines Autos; ein Geräusch, das er aus der Gegenwart nur zu gut kannte. Er drückte selbst sehr gern auf die Hupe, wenn ihn etwas nervte. Und der hupende Autofahrer hatte allen Grund genervt zu sein, denn vor ihm befand sich eine Gruppe wild durcheinander redender Menschen, die keine Anstalten machten, sich vom Fleck zu bewegen. Scheinbar waren sie gerade erst aus dem Reisebus gestiegen, der noch immer mit geöffneten Türen am Straßenrand stand, und hatten keine Ahnung, wohin sie gehen sollten.

Ganz im Gegensatz zu Ruth, welche zielgerichtet auf der schmalen Gasse voranschritt, die zwischen zwei gelb gestrichenen Häusern entlanglief. Erst jetzt schaute Felix sich das Umfeld, in dem sie sich befanden, genauer an. Unter ihren Füßen verlief eine unebene Straße, die sich aus großen grauen Pflastersteinen zusammensetzte. Über ihren Köpfen ragten mehrere Balkone auf die Gasse hinaus, auf denen ein paar Frauen standen, die sich lautstark unterhielten. Wie praktisch! Man konnte im eigenen Haus bleiben und doch mit den Nachbarinnen reden. Falls man sie verstand und nicht durch vorbeifahrende Autos oder lärmende Menschengruppen gestört wurde. Vor ihnen befand sich so etwas wie eine Verkehrsinsel – oder wie auch immer man es nennen sollte. Es war ein größerer Platz, der eine quadratische Form hatte und an dessen Rand mehrere Bäume standen. Felix bemerkte ein paar kurz gehaltene Nadelbäume, vor denen Oleander mit roten und weißen Blüten wuchsen. An mehreren Stellen des Platzes luden Bänke zu einem gemütlichen Zwischenstopp ein. Interessanterweise sah jede Bank ein wenig anders aus – dunkelbraun, hellbraun, grau, mit Verzierung, ohne Verzierung. Felix musste lachen, als er die drei Männer sah, die auf einer davon saßen und es sich scheinbar zur Aufgabe gemacht hatten, alles, was auf dem Platz vor sich ging, genauestens zu beobachten und zu kommentieren. Eigentlich sagte man eine solche Schaulust doch Frauen nach, aber diese drei bewiesen, dass es auch Männer gab, welche diese Angewohnheit hatten.

Wo sie wohl gerade waren? Als er sich umdrehte, bemerkte Felix ein breites Plakat, das an einer Hauswand befestigt war: „LANCIANO 23 MAGGIO DIPENDIAMO IL NOSTRO …" stand darauf, doch was sollte das heißen? Jedenfalls hörte es sich wieder nach Italien an. Aber in welcher Zeit waren sie? Felix warf noch einmal einen Blick auf die drei Männer. Sie waren so gekleidet, wie es in der Gegenwart üblich war – braune oder schwarze Schuhe, Jeans oder beige Stoffhose, karierte Hemden. Auch die Autos, die vorbeifuhren, sahen aus wie im 21. Jahrhundert. Gerade fuhr ein schwarzer Fiat vorbei, dahinter ein roter Ford. Weit entfernt von der Zeit, in der er lebte, konnten sie nicht sein.

„Kann es sein, dass wir uns in der Gegenwart befinden?", wandte er sich an Ruth.

„Ja, das kann sein", meinte diese mit einem Lächeln. „Auch in der Gegenwart kann man viel Wunderbares entdecken. Zum Beispiel hier in Lanciano, wo wir gerade sind."

„Lanciano. Ein schöner Ortsname. Und was hat dieser Ort mit einem Hostienwunder zu tun? Ein solches wolltest du mir doch näherbringen."

„Nur Geduld, du wirst es gleich sehen", vertröstete ihn Ruth. „Es ist nicht mehr weit, genauer gesagt noch etwa zwanzig Meter."

Sie verließen den Platz und wieder gingen sie eine schmale Gasse entlang, die zwischen zwei Häuserreihen entlanglief. Im

Gegensatz zu vorher gab es jetzt aber einen Fußgängerweg, der sogar durch ein Geländer von der Hauptstraße abgetrennt war. Diesem folgten sie, bis sie vor der hohen Eingangstür einer Kirche standen. Hier hielt Ruth an.

„Da wären wir", sagte sie in einem geheimnisvollen Ton.

„Hier in der Kirche sehen wir das Hostienwunder?", vergewisserte sich Felix.

„Das Hostienwunder selbst hat sich vor vielen hundert Jahren ereignet, hier in der Kirche sehen wir, was dadurch entstanden ist", erwiderte Ruth.

Neugierig ging Felix die steinernen Stufen zur Kirche empor. Als er direkt vor der Tür stand, warf er einen Blick nach oben und sah, wie von dort ein gusseiserner Heiliger mit segnender Hand auf ihn herabsah. Dann drückte er die Kirchentür auf und trat ein.

Er befand sich in einer Kirche, die auf den ersten Blick einen ganz gewöhnlichen Eindruck machte. Sie war schön, ja, mit ihrer gewölbten, bemalten Decke, der großen Orgel direkt über dem Eingang, den hellblau bemalten Bögen an den Seiten, aber auf den ersten Blick hob sie sich nicht von anderen Kirchen ab. Im Gegenteil, Felix hatte schon weitaus pompösere und eindrucksvollere gesehen. Und auch stärker besuchte. In den Holzbänken, die sich bis zum Altar vor erstreckten, saß kaum ein Mensch. Aber hinter dem Altar, da waren einige! Hier war ein separater Bereich, zu dem man auf Treppen, die rechts und links vom Altar verliefen, gelangte, und in diesen Bereich drängten sich die Menschen. Sie knieten dicht nebeneinander auf dem Boden oder quetschten sich auf die zu knapp bemessenen Sitzplätze, die es am Rand gab. Manche beteten still, während sie wie gebannt nach oben blickten, andere rannten mit der Kamera herum und schossen ein Foto nach dem anderen.

Felix trat näher heran, um zu sehen, was die Aufmerksamkeit der Menschen so sehr fesselte. Und da sah er sie: Eine große Monstranz an deren Seiten zwei Engel mit gesenktem Kopf und gefalteten Händen knieten. Die Botschaft, die dadurch vermittelt werden sollte, war klar: Die Engel zeigten ihre Ehrfurcht vor dem, was sich in der Monstranz befand und beteten es an. Was aber war darin? Felix trat noch ein Stück näher und er erkannte im oberen Bereich eine weiße Hostie. Nein, weiß war sie nicht – zumindest nicht ganz weiß! Und war es überhaupt eine Hostie? Der mittlere Teil sah zweifelsohne danach aus und der Rand ganz außen auch. Aber was war das dazwischen? Was war das braungefärbte Gewebe, das etwa genauso viel Raum einnahm wie die Hostie selbst und in diese hineingewachsen zu sein schien? Felix konnte es sich nicht erklären.

Er ließ den Blick weiter nach unten wandern und bemerkte im unteren Bereich der Monstranz einen Kelch aus Glas, in dem sich ebenfalls irgendetwas Braunes befand. Es sah aus, wie ein großer unförmiger Klumpen. Was das sein sollte, konnte er sich ebenso wenig erklären, wie bei dem Gewebe im oberen Bereich. Aber scheinbar musste es sich bei beidem um etwas Außergewöhnliches handeln, sonst würden die Leute nicht wie gebannt darauf blicken. Schade, dass er mit Ruth nicht jetzt schon darüber reden konnte, was es damit auf sich hatte. Hier herrschte strenges Schweigen. Sobald jemand ein Gespräch anfing, brachte ihn ein Italiener, der den Raum beaufsichtigte, mit einem energischen „Silenzio" zum Verstummen.

Felix war froh, als Ruth ihm ein Zeichen zum Hinausgehen gab, denn nur so konnte er endlich alle Fragen loswerden, die er ihr stellen wollte. Sie verließen die Kirche auf dem gleichen Weg, auf dem sie hineingekommen waren und bogen dann rechts auf den Fußgängerweg ein, der sie zurück zu dem kleinen Platz mit den Bäumen und Bänken brachte. Die drei Männer saßen immer noch dort, aber das störte sie nicht, schließlich konnten diese sie ja nicht sehen. Und so stellten sie sich zu einem der Oleanderbäumchen und genossen die Sonnenstrahlen, die sie durch die Blüten und Blätter hindurch erreichten.

„Was genau war das, was wir da gerade gesehen haben?", setzte Felix das Gespräch fort. „Ich habe noch nie eine so merkwürdige Hostie gesehen! Und der braune Klumpen darunter, warum stellt man ihn in einem Glaskelch aus?"

„Das, was du gerade gesehen hast, waren der Leib und das Blut Christi", antwortete Ruth. „Bevor du gleich sagst, dass das unmöglich sei, will ich dir erzählen, wie es dazu gekommen ist. Im 8. Jahrhundert lebte hier ein Basilianermönch, der starke Zweifel daran hatte, dass Jesus im Brot und Wein wirklich gegenwärtig war. Dennoch feierte er pflichtbewusst die Heilige Messe. Und eines Tages geschah es. Er hatte gerade die Wandlungsworte über Brot und Wein gesprochen und als er beides kurz darauf wieder ansah, bemerkte er, wie sich das Brot in Fleisch, der Wein aber in Blut verwandelte. Du kannst dir vielleicht vorstellen, wie sehr er darüber erschrak, denn so etwas hatte er mit Sicherheit nicht erwartet!"

Ruth nahm wohl wahr, wie skeptisch Felix blickte, ließ sich dadurch aber nicht beirren und fuhr fort: „Dieses Ereignis konnte er natürlich nicht für sich behalten. Er erzählte es den anwesenden Gläubigen und bald hatte es sich in der ganzen Stadt herumgesprochen. Die Menschen strömten herbei, um sich mit eigenen Augen von dem Wunder zu überzeugen und viele kamen dadurch neu zum Glauben."

„Die Menschen glaubten tatsächlich, dass es sich dabei um den Leib und das Blut Christi handelte? Hätte es nicht sein können, dass der Mönch ihnen allen einen Bären aufgebunden und heimlich Fleisch und Blut in die Kirche gebracht hatte, um Aufmerksamkeit zu bekommen?“, wandte Felix ein.

„Dieser Gedanke mag naheliegend sein, aber so war es nicht. Zum einen hatte der Mönch nicht die Mittel dazu, die Hostie so mit dem Fleisch verschmelzen zu lassen, wie sie es ist – das Fleisch und die Hostie sind untrennbar miteinander verbunden und zwar so, dass eines ins andere übergeht – zum anderen hatte er nicht die Mittel, beides so haltbar zu machen, dass es über Jahrhunderte hinweg nicht verfiel. Denk doch nur, dieses Fleisch und dieses Blut sind über 1200 Jahre alt! Schon allein diese Tatsache spricht für sich.“

„Über 1200 Jahre, nun, das ist wirklich eine lange Zeit“, gab Felix zu, „trotzdem, man müsste das Ganze genauer untersuchen, um herauszufinden, ob es nicht doch eine Fälschung ist.“

„Das hat man getan“, sagte Ruth, „und zwar vor gar nicht langer Zeit. Es gab viele Menschen, die an der Echtheit zweifelten und so ordnete man 1970 eine genaue wissenschaftliche Untersuchung an.“

„Durch Mitglieder der Kirche?“

„Durch mehrere Wissenschaftler, u.a. Prof. Dr. Linoli, der zu Beginn der Untersuchung nicht daran glaubte, dass beweiskräftige Elemente zu finden seien. Doch er musste bemerken, dass er sich geirrt hatte. Als er die Ergebnisse am 4. März 1971 bekanntgab, traf er folgende Aussagen: Sowohl das Fleisch als auch das Blut sind von einem Menschen. Beide haben die Blutgruppe AB. Das Fleisch ist Teil eines Herzmuskels. Das Blutbild gleicht frischem Menschenblut.“

„Was ist damit gemeint, dass das Blutbild ‚frischem Menschenblut‘ gleicht?“, fragte Felix interessiert.

„Das heißt, dass es genauso ist wie bei einem Menschen, der noch lebt“, klärte Ruth ihn auf. „Das allein ist schon ein

Wunder! Aber am erstaunlichsten finde ich es immer noch, dass sowohl das Fleisch als auch das Blut bis heute erhalten sind. Und zwar so, dass sie immer noch wissenschaftlich untersucht werden können und eindeutige Ergebnisse liefern."

Eine Weile sah Felix schweigend vor sich hin und ließ sich durch den Kopf gehen, was er soeben alles erfahren hatte. Dann wandte er sich wieder an Ruth: „Du sagtest, beides habe die Blutgruppe AB. Ist es nicht so, dass diese Blutgruppe sehr selten ist?"

„Oh ja, das ist sie! Weltweit haben sie nur etwa 5% aller Menschen. Interessant ist, dass diese Blutgruppe auch auf dem Grabtuch von Turin nachgewiesen wurde, von dem man annimmt, dass es das Grabtuch Jesu ist."

„Man darf also davon ausgehen, dass Jesus diese Blutgruppe hatte?"

„Wenn man glaubt, dass es sich bei dem, was hier in Lanciano zu finden ist, um sein Fleisch und sein Blut handelt, ja, dann darf man davon ausgehen, dass er die Blutgruppe AB hatte", bestätigte Ruth.

„Gibt es noch andere Dinge von Jesus, die man gefunden hat und bei denen ebenfalls diese Blutgruppe nachgewiesen werden konnte?"

„Oh ja, die gibt es. Es gibt zum Beispiel eine weitere Hostie, die in Fleisch verwandelt wurde."

Erstaunt sah Felix sie an: „Ein weiteres Hostienwunder?"

„Ja, es ereignete sich 2008 in Polen."

„2008 erst? Wo genau in Polen?"

„In Sokółka."

„Der Ort sagt mir nichts. Wurde die Hostie wieder so genau untersucht?"

„Natürlich. Und wieder hatte sie die Blutgruppe AB. Außerdem handelte es sich wieder um Muskelgewebe eines menschlichen Herzens. Wenn du von dieser Reise zurückkommst, kannst du ja einmal nach Sokółka fahren und dich mit eigenen Augen von diesem Wunder überzeugen."

„Mal schauen", lachte Felix, „ich denke, wenn ich von dieser Reise zurückkomme, habe ich erst einmal genug erlebt. Aber wer weiß, vielleicht überkommt mich irgendwann die Neugierde und ich fahre doch noch nach Polen."

Es gab also mehrere Wunder dieser Art und eines hatte sich erst vor wenigen Jahren ereignet. Offensichtlich lag Gott viel daran, dass die Menschen daran glaubten, dass Jesus in der Hostie wirklich gegenwärtig ist. Warum sonst sollte er solche Wunder geschehen lassen – wenn es sich denn wirklich um Wunder handelte. Etwas in Felix weigerte sich immer noch, ganz daran zu glauben. Wenn er auch ehrlich zugeben musste, dass das alles äußerst merkwürdig war.

Ruth beobachtete ihn und aus seinem Mienenspiel konnte sie seine Gedanken erraten. „Es fällt dir immer noch schwer, daran zu glauben, habe ich recht?"

„Hm, ja, das tut es. Aber ich denke darüber nach."

„Vielleicht sollte ich dir noch ein anderes Wunder zeigen, das sich im Zusammenhang mit der Hostie zugetragen hat."

„Gibt es dazu noch mehr Wunder?"

„Oh ja, sehr viele sogar. Es gibt zum Beispiel Menschen, die sich nur von der heiligen Hostie ernährt haben – und das jahrelang", sagte Ruth.

„Nur von der Hostie?", Felix war sich nicht ganz sicher, ob er das gerade richtig verstanden hatte. „Das ist doch nicht möglich! Jeder Mensch weiß, dass man nicht länger als zwei bis drei Monate ohne Nahrung überleben kann."

„Ich werde dir einmal eine solche Person vorstellen, danach können wir weiter darüber diskutieren, ob es möglich ist oder nicht."[20]

Zu Besuch in Konnersreuth

Das Nächste, was Felix sah, war ein Meer aus Blumen. Weiße und lilafarbene Lilien, daneben eine Fülle an Margeriten, Dahlien in Rot, Weiß und zartem Rosa, Lavendelbüsche unter denen dunkelorangene Ringelblumen hervor blinzelten und viele andere Blumen, die er nicht benennen konnte. Für einen Augenblick schloss er die Augen, um sich auf den Duft zu konzentrieren, der von dieser Vielfalt ausging. Besonders intensiv drang der Geruch der Lilien in seine Nase. Aber auch den Lavendel nahm er deutlich wahr. Und roch er nicht auch Rosen? Er öffnete seine Augen und drehte sich um. Tatsächlich! Hinter ihm befand sich ein kleines Holzhäuschen, an dem ein Rosenstock mit weißen Blüten emporwuchs.

Als er den Blick wieder nach vorne wandern ließ, entdeckte er inmitten der Blumenpracht eine Frau. Sie trug ein weißes Kopftuch und hatte ein dunkles Gewand an. Ob es schwarz oder nur in einem sehr dunklen Braun war, konnte er aus der Ferne nicht so genau beurteilen. Obwohl es ziemlich heiß war, trug sie an beiden Händen fingerfreie Handschuhe. In der einen Hand hielt sie eine Schere, in der anderen ein paar Blumen, die sie gerade erst abgeschnitten hatte. Letztere legte sie auf eine saubere Stelle am Boden, dann ging sie mit prüfendem Blick durch den Garten und schnitt hier und dort weitere Blumen ab. Jedes Mal nur besonders schöne. Manchmal beugte sie sich herab, und versenkte ihr Gesicht in den Blüten. Danach ging sie mit einem zufriedenen Lächeln im Gesicht weiter. Es war ihr anzusehen, dass ihr die Arbeit im Garten Freude machte.

„Wer ist diese Frau?“, wandte Felix sich neugierig an Ruth.

„Sie heißt Therese Neumann, aber die meisten nennen sie Resl von Konnersreuth“, gab Ruth zurück.

„Und was macht sie mit all den Blumen, die sie abschneidet?“

„Das wirst du später noch sehen“, vertröstete ihn Ruth, „nur Geduld.“

Felix konzentrierte sich wieder auf die Frau inmitten des Gartens. Inzwischen hatte der Berg mit den abgeschnittenen Blumen eine beachtliche Höhe erreicht. Therese musterte ihn mit einem abschätzenden Blick, dann umfasste sie ihn mit beiden Händen und machte sich auf den Weg zu einem kleinen Schuppen, der am Rande des Gartens stand. Während sie ging, fiel auf, dass ihr Schritt sehr ungleichmäßig war, so als würde ihr das Gehen große Mühe bereiten. Dementsprechend lange brauchte sie auch, bis sie den Schuppen erreicht hatte, in dem sie für mehrere Minuten verschwand.

In dieser Zeit konnte Felix endlich ein paar Fragen loswerden, die ihm unter der Zunge brannten.

„Du hast gesagt, dass du mir eine Person zeigen willst, die sich jahrelang nur von der heiligen Kommunion ernährt hat. Ist sie diese Person?“

„Ja, das ist sie. Seit zwanzig Jahren hat sie nichts mehr gegessen außer der heiligen Kommunion und auch nichts mehr getrunken. Und sie wird es bis zum Ende ihres Lebens auch nicht mehr tun.“

„Sie hat seit zwanzig Jahren weder gegessen noch getrunken und wird es weiterhin nicht tun? Wie lange wird sie denn noch leben? Ein paar Tage?“

„Sie wird noch 15 Jahre leben. Genauer gesagt bis zum 18.09.1962.“

„Ohne Nahrung – und das soll man glauben. Ich meine, einmal gehört zu haben, dass ein Mensch bereits nach weniger als 11 Tagen ohne Essen und Trinken stirbt.“

„In der Regel ist es so", bestätigte Ruth, „aber ich habe dir bereits gesagt, dass bei Gott nichts unmöglich ist. Und es ist ja nicht so, dass sie gar nichts zu sich nimmt – sie empfängt täglich die heilige Kommunion. Jesus hat ja gesagt, dass sein Fleisch eine wahre Speise ist. An Resl kann man sehen, wie wahr diese Aussage ist."

Skeptisch sah Felix sie an. Es war ihm deutlich anzusehen, dass er das, was er soeben gehört hatte, nicht wirklich glauben konnte.

„So wie dir geht es vielen Menschen", fuhr Ruth fort, „sie können sich einfach nicht vorstellen, dass Therese wirklich nur von der Kommunion lebte. Deshalb ordnete das Ordinariat Regensburg 1927 eine strenge Untersuchung an. 15 Tage lang wurde Therese von vier Mallersdorfer Schwestern in ihrem Elternhaus Tag und Nacht bewacht. Immer zwei der Schwestern folgten ihr auf Schritt und Tritt. Sie maßen das Mundspülwasser nach und kontrollierten alle Ausscheidungen. Nicht ein einziges Mal aß oder trank Therese etwas – nur die heilige Kommunion nahm sie wie gewohnt zu sich. Dennoch betrug ihr Gewicht am Ende der Untersuchung genauso viel wie am Anfang, und zwar 55 Kilogramm."

Bevor Felix eine weitere Frage stellen konnte, wurde die Tür des Schuppens geöffnet und heraus kam ein schokobraunes Pony, das vor ein kleines Wägelchen gespannt war. Auf diesem Wägelchen saß Therese. Hinter ihr lag der Berg von Blumen, der nun fortgebracht werden sollte.

„Auf geht's, Lotte", rief sie dem Pony zu, „zieh an, danach gibt's auch eine schöne Belohnung." Und das Pony zog an. Zielstrebig verließ es den Garten, betrat die Hauptstraße und war schon nach kurzer Zeit am Ziel angelangt: Der Pfarrkirche von Konnersreuth.

Felix und Ruth, die den beiden rasch gefolgt waren, sahen, wie Therese mühsam vom Wagen stieg, beide Hände mit Blumen belud, und im Inneren der Kirche verschwand, während Lotte brav stehen blieb und ihr mit treuen Augen nachsah.

„Also dazu hat sie sich die ganze Arbeit gemacht", stellte Felix fest, „sie möchte die Kirche schmücken."

„Ja, dazu ist ihr Blumengarten da", erwiderte Ruth, „sie möchte Gott eine Freude machen, indem sie die Kirche schmückt."

„Was hat Gott von einer geschmückten Kirche? Wäre es nicht besser, die Blumen im Garten zu lassen, wo sie ein viel längeres Leben haben als in einer von Menschen gebauten Kirche?"

„Die Kirche ist zwar von Menschen gebaut, aber dennoch ist Gott den Menschen hier in besonderer Weise nahe, sie ist sein Haus unter den Menschen und er freut sich darüber, wenn jemand sein Haus schmückt."

Felix war anzumerken, dass er mit dieser Aussage nicht wirklich einverstanden war: „Warum sollte Gott mir in der Kirche näher sein, als in einem Garten? Das habe ich noch nie verstanden – warum ich mich in ein Gebäude setzen soll, um zu beten. Es ist doch viel schöner, spazieren zu gehen und dabei mit Gott zu reden. Oder in einem Garten zu sitzen."

„Nun", meinte Ruth, „Gott ist immer da, ob du spazieren gehst, im Garten sitzt oder in der Kirche. Dennoch bekommst du besondere Gnaden, wenn du in die Kirche kommst. Zum einen befinden sich in jeder Kirche Reliquien von Heiligen ..."

„Was soll das denn bringen?", warf Felix ein. „Du willst mir doch nicht ernsthaft sagen, dass ich in die Kirche gehen soll, weil dort Überreste von Menschen liegen, die schon längst verstorben sind."

„Du sollst wegen Gott in die Kirche gehen, das ist richtig. Aber lass mich doch erst einmal ausreden, bevor du Kritik übst.

Durch die Reliquien sind auch die Heiligen in der Kirche in besonderer Weise gegenwärtig und sie können für dich Fürsprecher bei Gott sein."

„Fürsprecher bei Gott? Was soll das heißen?"

„Ich versuche, es dir zu erklären", sagte Ruth. „Wenn man in die Kirche kommt, hat man ja meistens Anliegen, man bittet Gott um Hilfe für sich und für andere Menschen. Die Heiligen sind Gott schon einen großen Schritt näher als wir. Sie sind im Himmel und können ihn sehen. Was bringt uns das? Wir können uns an die Heiligen wenden, ihnen unsere Anliegen nennen und sie bitten, bei Gott ein gutes Wort für uns einzulegen."

„Und das soll helfen?"

„Probier es aus", forderte Ruth ihn auf. „Es ist schon so manches Wunder auf die Fürsprache eines Heiligen hin geschehen. Doch noch einmal: Der Hauptgrund für einen Kirchenbesuch sind nicht die Heiligen, sondern Gott selbst, ihm begegnest du in der Kirche. Denn die Kirche ist der Ort, wo regelmäßig die Heilige Messe gefeiert wird, das heißt in der Kirche findet das Ereignis statt, bei dem der Kreuzestod Jesu aufs Neue gegenwärtig wird. Außerdem befindet sich in jeder Kirche ein Tabernakel und in diesem werden in der Regel konsekrierte Hostien aufbewahrt. Also Hostien, die bereits in den Leib Christi umgewandelt wurden. Das heißt: Jesus selbst ist in der Kirche wahrhaft gegenwärtig."

Ruth wartete kurz ab, ob Felix noch etwas einzuwenden hatte, als er nichts sagte, meinte sie: „Wenn du momentan keine weiteren Einwände hast, dann lass uns doch zu Therese gehen, wir sind schließlich hier, damit du mehr über sie erfährst."

Bereitwillig folgte ihr Felix, als sie die große Eingangstür aufschob und auf eine Bank im mittleren Bereich der Kirche zusteuerte, wo sie Platz nahm. Von hier aus konnten sie Therese gut beobachten, die inzwischen ganze Arbeit geleistet hatte. Zu beiden Seiten des Hochaltars waren kunstvoll angerichtete Blumenvasen zu sehen. Auch die beiden Seitenaltäre im vorderen Bereich der Kirche wurden von Thereses Blumen geschmückt. An einem davon, dem von ihnen aus gesehen linken, stand sie gerade und nahm letzte Verbesserungen vor. Alles sollte perfekt sein – so schön wie möglich für Gott.

„Weißt du, welche Heilige das ist?", fragte Ruth leise und deutete auf die Ordensschwester, die an diesem Seitenaltar abgebildet war.

„Woher soll ich das wissen?", gab Felix zurück. „Du weißt doch, dass ich mich in den letzten Jahren nicht sonderlich mit religiösen Dingen befasst habe."

„Das weiß ich", bestätigte Ruth, „doch diese Heilige ist so bekannt, dass sie auch dir ein Begriff sein könnte. Es ist die heilige Theresia von Lisieux. Sie wird von Therese besonders verehrt, und sie hat ihr auch schon öfter in auffallender Weise geholfen."

„Was genau hat sie denn getan?", fragte Felix nun doch ein wenig neugierig.

„Im März 1918 hatte Therese geholfen, einen Brand zu löschen. Dabei verrenkte sie sich das Rückgrat, was zur Klemmung eines Zentralnervenstranges führte, die nicht wiederaufzuheben war. Die Folge war, dass sie gelähmt und ans Bett gefesselt wurde. 1919 kam ein weiterer Schicksalsschlag dazu: die völlige Erblindung beider Augen. Du kannst dir sicher denken, dass sie fortan sehr litt. Blind und bettlägerig zu sein, das war nicht leicht. Jetzt kommt Theresia von Lisieux ins Spiel. Schon lange hatte Therese diese sehr verehrt, trugen sie doch den gleichen Namen. Damals war Theresia noch nicht einmal seliggesprochen und Therese betete oft dafür, dass sie es doch werden sollte. Am 29. April 1923 war es soweit: Theresia von Lisieux wurde von der Kirche offiziell seliggesprochen. In der gleichen Nacht schien es Therese, als würde jemand an ihr Kissen rühren. Sie wachte auf – und konnte sehen."

„Hm, das ist merkwürdig", gab Felix zu. „Und davor war sie mit Sicherheit blind?"

„Ja, mit Sicherheit! Und zwar vier Jahre lang, das konnte jeder, der mit ihr zu tun hatte, bestätigen. Kein Mensch tut zum Spaß so, als würde er nicht mehr sehen. Wozu auch?

Doch es geht noch weiter. Immer noch war Therese gelähmt, sie hatte Krämpfe, eiternde Wunden vom Liegen und starke Schmerzen. Am 17. Mai 1925 wurde sie auch von der Lähmung geheilt – es war der Tag, an dem Theresia von Lisieux heiliggesprochen wurde."

„Wenn das so ist, dann kann ich verstehen, dass sie diese Heilige in besonderer Weise verehrt", sagte Felix nachdenklich. „Wie schön, dass ausgerechnet in ihrer Pfarrkirche ein Altar zu ihren Ehren steht."

„Den Altar hat man wegen der Wunder errichtet, die Therese im Zusammenhang mit Theresia von Lisieux erfuhr", klärte Ruth ihn auf. „Es gibt ihn erst seit 1928."

Felix richtete seine Augen wieder auf Therese, die nun ehrfürchtig vor der Statue ihrer geliebten Heiligen stand und zu dieser empor blickte. Was sie wohl gerade dachte? Bedankte sie sich für die erfahrenen Gnaden, die sie der Fürsprache Theresias verdankte? Oder trat sie mit einem Anliegen vor sie hin? Aus ihrer Haltung konnte man das nicht herauslesen. Deutlich aber war, dass sie mit ihrem ganzen Herzen bei der Heiligen war.

Ruth und Felix standen auf und setzten sich in eine Bank im vorderen Bereich der Kirche, um ihr näher sein zu können. Sie hatte eine übergroße Anziehungskraft, wie sie so dastand und zu ihrer Fürsprecherin emporblickte.

Nach einer Weile entfernte sie sich vom Seitenaltar und stellte sich in die Mitte der Kirche, von wo aus sie den Blick frei zum Tabernakel hatte. Auf einmal hob sich ihre Brust, sie riss den Mund und die Augen auf, rang nach Atem und schaute unverwandt nach vorne. Felix erschrak, als er sie in diesem Zustand sah und er wollte sich an Ruth wenden, ob Therese vielleicht Hilfe bräuchte. Doch Ruth verhielt sich vollkommen ruhig und gab ihm zu verstehen, dass er einfach abwarten solle. So blieb er sitzen und beobachtete die Frau, die mehrere Minuten in diesem Zustand verharrte. Dann wurde ihre Atmung ruhiger, es war, als würde sich ihr Körper wieder entspannen. Die Augen blickten weiterhin wie gebannt nach vorne, aber um den Mund lag ein glückseliges Lächeln. So, als hätte sie gerade etwas außerordentlich Schönes erfahren. Sie blieb noch eine Weile stehen, bevor sie sich umdrehte, mit schwerfälligen Schritten den Mittelgang entlang ging und die Kirche verließ. Von draußen hörte man das freudige Wiehern Lottes und kurz darauf ein Rattern, das darauf schließen ließ, dass die beiden mit dem Wägelchen davonfuhren. Sicherlich bekam Lotte zuhause eine ordentliche Belohnung. Die hatte sie sich auch verdient für ihr treues Warten.

Felix war immer noch so mitgenommen von dem, was er gesehen hatte, dass er gar nichts sagen konnte. Als Therese hinausgegangen war, war sein Blick auf ihre Hände gefallen. Sie hatte die Handschuhe entfernt und er hatte den Grund für die Bedeckung gesehen: zwei dunkelbraune Flecken, die aussahen wie Löcher.

Als Ruth schließlich aufstand, um die Kirche zu verlassen, folgte er ihr wortlos. Draußen wandte sie sich wieder an ihn: „Du hast die Wunden an ihren Händen gesehen, hab ich recht?"

„Ja", bestätigte Felix, „ich hab mich schon die ganze Zeit gefragt, warum sie ihre Hände bei dieser Hitze bedeckt hält.

Und jetzt weiß ich auch, weshalb sie sich so schwer tut mit dem Gehen – sie hat die Wundmale wohl auch an den Füßen, oder?"

„Richtig. Und das seit zwanzig Jahren. Sie bekam die Stigmata im gleichen Jahr, in dem sie aufhörte, Nahrung zu sich zu nehmen. Und noch etwas stellte sich in diesem Jahr ein: Sie hatte visionäre Schauungen, in denen sie Einblicke in das Leben und Leiden Jesu bekam."

„Visionäre Schauungen? Was soll das heißen?", fragte Felix nach.

„Das soll heißen, dass sie Ereignisse aus dem Leben Jesus sozusagen live sehen konnte."

„Wie wir auf dem Berg Zion?", kombinierte Felix.

„Ja, genau so. Nur dass sie meist die schmerzhaften Momente sah. Immer wieder war sie während einer Vision dabei, als Jesus gekreuzigt wurde."

„Hatte sie in der Kirche vorhin auch eine solche Vision?"

„Ich glaube nicht, dass sie vorhin das Leiden Jesu gesehen hat", meinte Ruth, „denn dann hätte sie mitgenommener gewirkt. Aber irgendetwas hat sie mit Sicherheit gesehen. Du musst wissen, dass Therese verschiedene ekstatische Zustände hatte. Manchmal sah sie, wie bereits erwähnt, Szenen aus dem Leben Jesu und war nicht ansprechbar, manchmal stand sie einfach so in Kontakt mit dem Jenseits und man konnte ihr verschiedene Fragen stellen, auf die sie eine Antwort bekam. Wenn sie jedoch kurze Zeit später wieder in einem normalen Zustand war, konnte es sein, dass sie sich an nichts mehr erinnerte."

Das hörte sich alles sehr merkwürdig und auch ein wenig verwirrend an – verschiedene ekstatische Zustände, an die sich die Betroffene im Nachhinein nicht mehr erinnerte. Da musste Felix noch einmal genauer nachbohren: „Woher weiß man, dass sie das, was sie während dieser Zustände sah, nicht einfach erfunden hat?"

„Immer noch der alte Skeptiker“, erwiderte Ruth. „Dafür gibt es viele Argumente. Sie erzählte Dinge, die sie nicht wissen konnte, oder sie verstand auf einmal Sprachen, die sie nie gelernt hatte. Es kam auch vor, dass sie Heiligen Messen visionär beiwohnte. Sie konnte dann im Nachhinein genau sagen, was z.B. gepredigt worden war, ohne körperlich dort gewesen zu sein. Es gäbe noch viele weitere Beispiele, aber wenn du mehr darüber wissen willst, dann beschäftige dich doch näher mit Therese, wenn du von dieser Reise zurückgekommen bist, dadurch wirst du selbst Fallbeispiele für die Echtheit finden – aber du wirst auch einiges an Kritik lesen, das kann ich dir jetzt schon sagen. Manche Menschen haben ein großes Problem mit Menschen wie Therese oder auch Pater Pio und ihnen ist jedes Mittel recht, um sie schlecht zu machen. Doch du hast sie ja jetzt live gesehen und kannst dir selbst ein Urteil bilden.“

„Warum erzählst du mir nicht noch mehr über die Schauungen?“, wollte Felix wissen.

„Weil es mir vor allem darum ging, dass du einen Menschen kennenlerntest, der in einer so innigen Verbindung mit Gott stand, dass er jahrelang nur von der heiligen Kommunion lebte. Und ich wollte dir zeigen, welche Rolle die Heiligen in der Kirche spielen.“

„Ist Therese denn schon heiliggesprochen?“

„Nein, noch nicht, sie ist auch noch nicht seliggesprochen“, sagte Ruth, „aber der Seligsprechungsprozess wurde bereits eingeleitet und so Gott will, wird sie in den nächsten Jahren seliggesprochen. Die Rolle der Heiligen hast du durch eine andere Person kennengelernt.“

„Durch Theresia von Lisieux?“

„Richtig“, bestätigte Ruth. „Ist dir schon einmal aufgefallen, dass die Heiligen auch in der Heiligen Messe eine wichtige Rolle spielen?“

Felix sah sie fragend an, bevor er antwortete: „Bis jetzt noch nicht, muss ich ehrlich sagen.“

„Sie werden in mehreren Texten der Heiligen Messe erwähnt“, erklärte Ruth. „Ich kann dir ein paar Beispiele nennen. Zum einen gleich zu Beginn der Messe. Ist dir die längere Variante des Schuldbekenntnisses noch bekannt?“

„Die, in der man sich sozusagen selbst anklagt und sagt, dass man einerseits Gutes unterlassen, andererseits aber Böses getan hat?“, fragte Felix.

„Ja, genau die“, bestätigte Ruth. „Darin heißt es: ‚Darum bitte ich die selige Jungfrau Maria, alle Engel und Heiligen und euch, Brüder und Schwestern, für mich zu beten bei Gott, unserem Herrn‘. Das ist eine der Stellen, an denen man die Heiligen – allen voran die Gottesmutter Maria – um Unterstützung bittet. Später wird noch einmal auf ihre fürbittende Hilfe hingewiesen und zwar kurz vor der Wandlung, im Hochgebet. Da tritt der Priester mit folgenden Worten vor Gott: ‚In Gemeinschaft mit der ganzen Kirche gedenken wir Deiner Heiligen. Wir ehren vor allem Maria, die glorreiche, allzeit jungfräuliche Mutter unseres Herrn Jesus Christus. Wir ehren ihren Bräutigam den heiligen Josef, Deine heiligen Apostel und Märtyrer (…) und alle Deine Heiligen; blicke auf ihr heiliges Leben und Sterben und gewähre uns auf ihre Fürsprache in allem Deine Hilfe und Deinen Schutz.‘[21] Achte doch einmal bewusst auf diese Worte, wenn du wieder in einem Gottesdienst bist und wende dich dabei persönlich an die Muttergottes oder einen anderen Heiligen mit der Bitte um Hilfe. Vielleicht gibt es ja irgendetwas, was du ihnen gerne anvertrauen würdest.“

„Vielleicht", gab Felix knapp zur Antwort. Als er nicht mehr dazu sagte, fuhr Ruth fort: „Auch beim Glaubensbekenntnis werden die Heiligen erwähnt. Dabei werden sie zwar nicht um Hilfe gebeten, aber man bestätigt, dass man an die ‚Gemeinschaft der Heiligen' glaubt."

„Was ist damit denn gemeint, mit ‚der Gemeinschaft der Heiligen'?"

„Zur Gemeinschaft der Heiligen gehören viele Menschen: Die Heiligen im Himmel, die schon bei Gott sind, die Seelen im Fegefeuer, die noch zu Gott kommen und die Gläubigen auf der Erde.[22] Das heißt, dass auch du zu dieser Gemeinschaft gehörst. Du bist zwar vielleicht noch nicht ganz so heilig ..."

„Nicht ganz so?", fiel ihr Felix ins Wort. „Ich fühle mich gar nicht heilig."

„Nun", meinte Ruth, die sich nicht aus der Ruhe bringen ließ, „dann wird es Zeit, dass du es wirst."

„Und wie soll ich das machen?"

„Ganz einfach: Indem du die Liebe lebst! Die Liebe zu Gott und die Liebe zu den Mitmenschen, das ist der Weg, um heilig zu werden."

„Die Liebe leben – das hört sich einfacher an, als es ist", sagte Felix. „Wie soll man die Liebe leben, wenn man selbst so wenig Liebe bekommt?"

„Das ist eine gute Frage", bestätigte Ruth. „Die Antwort ist: Indem man zur Quelle der Liebe geht und auftankt. Und die Quelle aller Liebe ist Gott, denn Gott ist die Liebe."

„Ich soll also zu Gott gehen, um lieben zu können", fasste Felix zusammen.

„Richtig. Und wo du ihn findest, versuche ich dir ja die ganze Zeit schon zu erklären", fuhr Ruth fort.

„Ja, deiner Meinung nach finde ich ihn, wenn ich zur Heiligen Messe gehe und am besten auch noch zur heiligen Kommunion, weil Jesus dann direkt zu mir kommt."

„Ganz genau, du hast schon viel gelernt durch unsere Reise", schmunzelte Ruth. „Doch zurück zur Gemeinschaft der Heiligen."

„Dazu habe ich auch noch eine Frage", warf Felix ein. „Was bringt es mir, wenn ich glaube, dass ich in der Gemeinschaft aller Heiligen stehe?"

„Nun, wie ich dir schon erklärte, können die Heiligen, die bereits bei Gott sind, sehr viel bewirken – mehr als die Seelen im Fegefeuer und mehr auch als die lebenden Gläubigen.

Das soll nicht heißen, dass die lebenden Gläubigen nichts bewirken können, das würde ich niemals behaupten, es ist nur so, dass die Heiligen, die bereits bei Gott sind, mehr bewirken können. In einer Gemeinschaft sollen alle füreinander einstehen und jeder kann einen Teil beitragen. Du kannst die Heiligen verehren und um Hilfe bitten, sie können für dich bei Gott Fürsprache halten und dir helfen."

„Und was ist mit den Seelen der Verstorbenen, die noch im Fegefeuer sind?", wollte Felix wissen. „Was ist ihre Rolle in dieser Gemeinschaft?"

„Die Verstorbenen im Fegefeuer können für sich selbst nichts mehr tun, aber du kannst etwas für sie tun", erwiderte Ruth.

„Was denn?"

„Du kannst für sie beten und ihnen dadurch helfen, schneller in den Himmel zu kommen. Dann können sie auch dir helfen, indem sie bei Gott Fürsprache für dich einlegen."

„Falls mein Vater sich also im Fegefeuer befindet, könnte ich ihm helfen, indem ich für ihn bete", überlegte Felix laut. „Aber ich glaube gar nicht, dass ich das will. Er hat es verdient zu leiden – bei all dem, was er getan hat!"

„Aber Felix", warf Ruth erschüttert ein, „sei doch nicht so hartherzig! Mit so einer Einstellung schadest du dir nur selbst!"

Ruth konnte sehen, wie Felix einen verschlossenen Gesichtsausdruck annahm, bevor er schließlich sagte: „Wenn ich für ihn beten würde, müsste ich ständig an ihn denken und zugleich an alles, was er mir angetan hat. Das könnte ich nicht ertragen!"

„Vielleicht …", begann Ruth vorsichtig, doch Felix fiel ihr ins Wort: „Lassen wir dieses Thema, ich bin noch nicht bereit, darüber zu sprechen. Gibt es nicht noch etwas zur heiligen Kommunion, das du mir zeigen könntest?" Ein Themenwechsel schien Felix das Beste zu sein, außerdem hatte er das Bedürfnis, noch mehr über die heilige Kommunion zu erfahren. „Was genau bringt es mir, wenn ich zur heiligen Kommunion gehe? Abgesehen davon, dass Jesus dann in mir ist."

„Was es dir bringt?", fragte Ruth. „Oh, es bringt dir sehr viel! Die Tatsache, dass Jesus zu dir kommt, ist eine unglaubliche Ehre und Bereicherung. Wenn er in dir ist, bist du ihm näher als jemals sonst in deinem Leben. Du kannst mit ihm sprechen und dir sicher sein, dass er jedes Wort hört. Und du kannst ihn bitten, alles in deinem Leben zum Guten zu führen. Durch ihn bekommst du die Kraft, alles auszuhalten, egal was kommt, und viel Positives in der Welt zu bewirken. Doch bevor ich noch länger rede, möchte ich dir noch einmal jemanden vorstellen – eine Person, der die Begegnung mit Jesus alles bedeutete, die alles gegeben hätte, um nur Jesus in sich zu haben und die durch ihre Vereinigung mit ihm zu einem großen Segen für viele andere Menschen wurde. Auch für mich, denn ich habe oft zu dieser Person gebetet."

„Deine Worte machen mich neugierig", meinte Felix, „wohin geht die Reise denn dieses Mal?"

„Zu einem kleinen Ort in Bayern. Doch mehr verrate ich nicht. Du wirst es gleich selbst sehen."[23]

Bei der Heiligen von Mindelstetten

Gleich darauf standen sie vor einem alten Bauernhaus. Bei näherer Betrachtung sah Felix die kleinen Fenster, die mit weißen Bögen umrahmt waren und vor denen sich verwitterte Fensterläden befanden, die steinerne Hausmauer, die in unterschiedlichen Grautönen gestrichen war, unten dunkel, oben hell, die braune Haustüre, in die liebevoll hölzerne Quadrate und Rechtecke in unterschiedlichen Größen eingearbeitet worden waren, und die kleine Holzbank, die sich rechts neben dieser Tür befand und vor der sie gerade standen. Vor dem Hof verlief ein Kiesweg und als er diesen entlang blickte, sah er eine große Gestalt würdevollen Schrittes auf sie zukommen. Es war ein Priester im Messgewand, der in den Händen etwas hielt, das mit einem Stoffüberwurf bedeckt war. Er ließ sich Zeit beim Gehen und blickte immer wieder auf das, was er in den Händen trug. Wollte er sich vergewissern, dass alles in Ordnung war oder gab es einen anderen Grund dafür, dass er die Augen immer wieder hinab gleiten ließ? Der Priester steuerte direkt auf das Haus zu, vor dem sie standen und offensichtlich wurde er hier auch schon erwartet. Denn kurz bevor er ankam, wurde die Tür von innen geöffnet und heraus kam eine ältere, schwarzgekleidete Frau. Als diese den Priester erblickte, fiel sie auf die Knie nieder und verharrte in dieser Stellung, während er an ihr vorbeiging und das Haus betrat. Ruth deutete Felix an, dem Geistlichen zu folgen und so gingen sie mit ihm zusammen ins Haus, stiegen die knarzende Holztreppe hinauf und betraten ein kleines Zimmer im ersten Stock.

Hier konnte Felix erkennen, wem der Besuch galt: Einer jungen Frau mit braunen Haaren, und braunen Augen, die, mit einer weißen Bluse bekleidet, aufrecht im Bett saß und ihren Blick sehnsüchtig auf den Priester richtete. Dieser hatte das Gefäß inzwischen auf einen kleinen Tisch gestellt und Felix konnte sehen, was sich darin befand: eine Hostie. Der Priester nahm sie vorsichtig in die Hände und trat auf die Frau zu mit den Worten: „Ecce Agnus Dei, ecce qui tollit peccáta mundi."

Die junge Frau saß immer noch genauso da, wie sie sie vorgefunden hatten. Scheinbar konnte sie das Bett nicht verlassen, sonst wäre sie sicher niedergekniet, wie es auch die schwarzgekleidete Frau tat, die sich rechts neben der Eingangstür befand. Doch ihr Gesicht zeigte, wie tief sie bewegt war, als sie sich mit der Hand an die Brust schlug und auf die lateinischen Worte dreimal antwortete: „Dómine, non sum dignus, ut intres sub tectum meum: sed tantum dic verbo, et sanábitur ánima mea." Dann endlich trat der Geistliche näher an sie heran, sie öffnete den Mund und er legte den Leib Christi hinein. In diesem Moment begann die Frau zu strahlen, wie Felix es noch nie bei jemandem gesehen hatte, der die Kommunion empfangen hatte. Es war, als wäre in ihr ein Licht angezündet worden, das den ganzen Körper von innen heraus erleuchtete. Sie schloss die Augen und man hatte das Gefühl, dass sie nichts mehr von dem wahrnahm, was um sie herum geschah, sie war nur noch bei dem, den sie gerade empfangen hatte.

Der Priester blieb noch eine kurze Zeit am Krankenbett stehen, bevor er das Zimmer mit leisen Schritten verließ. Ruth deutete Felix an, ebenfalls hinaus zu gehen. Die folgenden Minuten sollten der Kranken ganz alleine gehören. Sie stiegen die Treppenstufen wieder hinab, verließen das Haus und blieben bei der Holzbank rechts neben der Tür stehen, während der Priester, nun deutlich schneller als zuvor, den Kiesweg zurück zur Kirche ging. Erst jetzt fiel Felix auf, wie nah an der Kirche das Haus stand. Doch er wusste immer noch nicht, wo sie eigentlich waren und wer die Frau war, die sie gerade gesehen hatten.

Als könnte sie seine Gedanken lesen, sagte Ruth: „Diese Kirche ist die Pfarrkirche von Mindelstetten und die Frau, die wir gerade besucht haben, heißt Anna Schäffer. Vielleicht hast du durch die Medien schon einmal von ihr gehört, sie wurde erst vor wenigen Jahren heiliggesprochen."

„Und das kam in den öffentlichen Medien?", fragte Felix nach.

„Ja, es ist schon etwas Besonderes, wenn jemand aus Deutschland heiliggesprochen wird. Diese Person wird dann weltweit verehrt. Es ist eine große Ehre für ein Land, wenn in ihm ein solcher Mensch lebte."

„Und was ist so besonders an ihr, dass man sie heiligsprach?"

„Sie lebte in einer tiefen Verbindung mit Gott, tat viel für ihre Mitmenschen und war jederzeit bereit, den Willen Gottes zu erfüllen, ganz gleich, was Gott ihr schickte. Alles nahm sie geduldig und voller Liebe an und das war alles andere als leicht, denn sie musste fast 25 Jahre lang großes Leid ertragen."

„Warum denn das?"

„Das ‚Warum' ist eine schwierige Frage, sagen wir lieber ‚wozu'", meinte Ruth.

„Also ‚wozu'?"

„Um Sühne zu leisten für viele andere und um so dazu beizutragen, dass viele Menschen näher zu Gott finden. Doch lass dir erst einmal erzählen, wie es dazu kam", sagte Ruth, während sie auf der kleinen Holzbank Platz nahm.

Felix setzte sich neben sie. Wäre er gerade in seinem irdischen Leib hier gewesen, hätte er auf dieser Bank keine Sitzpause eingelegt, denn mit ihren zwei Beinen machte sie nicht gerade den zuverlässigsten Eindruck auf ihn. Aber so war es egal, die Bank merkte nicht einmal, dass sie gerade Besuch hatte, denn sein spiritueller Körper, mit dem er momentan unterwegs war, hatte kein Gewicht.

„Anna wuchs mit fünf Geschwistern in einer Schreinerei auf", fuhr Ruth fort. „Die Familie hatte nicht viel Geld, daher musste sie schon mit 13 Jahren eine Stelle als Dienstmädchen annehmen. Erst in Regensburg, dann in Sandersdorf, in Landshut und schließlich in Stammham, wo der tragische Unfall passierte, der ihr ganzes Leben verändern sollte. Sie arbeitete gerade im Waschraum, auf dem Ofen stand ein großer Topf mit kochender Lauge, in dem die Wäsche gereinigt werden sollte. Als sie sah, dass sich das Ofenrohr gelockert hatte, stieg sie auf den Topf, um den Schaden zu beheben und da passierte es: Der Deckel verrutschte und Anna fiel in die kochende Lauge. Sie selbst konnte sich aus dieser Lage nicht befreien und das Mädchen, das mit ihr im Waschraum war, rannte los, um Hilfe zu holen. Doch als Hilfe kam, waren beide Beine Annas aufs Schlimmste verbrüht. Man brachte sie zwar sofort ins Krankenhaus, wo sie lange Zeit bleiben musste, aber Heilung konnte man ihr nicht verschaffen. Ihr restliches Leben lang hatte sie offene Löcher an den Füßen, die ständig eiterten. Es kam so weit, dass sie das Krankenlager nicht mehr verlassen konnte. Andauernd hatte sie Schmerzen und bei allem war sie auf fremde Hilfe angewiesen. So hatte sie sich ihr Leben nicht vorgestellt."

„Wie hatte sie es sich denn vorgestellt?"

„Sie wäre gerne Missionsschwester geworden, um auf diesem Weg möglichst viel für Gott und ihre Mitmenschen zu tun. Nun, der zweite Teil wurde Wirklichkeit – durch sie fanden sehr viele Menschen näher zu Gott, fanden Trost und schöpften neue Zuversicht."

„Wie war das möglich?", fragte Felix nach. „Hast du nicht gerade gesagt, dass sie ihr Krankenlager nicht verlassen konnte?"

„Richtig, das konnte sie nicht", bestätigte Ruth, „aber sie konnte Besuch empfangen und viele Menschen kamen zu ihr ans Bett, um mit ihr zu sprechen. Außerdem stand sie mit zahlreichen Menschen in Briefkontakt, denn ihre Hände konnte sie ja noch benutzen. Und in diesen Briefen ging sie auf die Sorgen der Menschen ein, sprach ihnen Mut zu und erzählte auch von ihren eigenen Erfahrungen. Vieles, was man heute über Anna Schäffer weiß, verdankt man diesen Briefen, die zum Teil immer noch erhalten sind."

„Sie sprach anderen Mut zu, obwohl sie sich selbst in so einer ausweglosen Situation befand?"

„Ja, gerade weil sie selbst so sehr litt und es geduldig aushielt, konnte sie anderen Mut machen. Trotz ihrer ständigen Schmerzen war sie stets liebevoll und gütig zu anderen. Und sie litt nicht nur körperlich, sie erlebte zudem so manchen Schicksalsschlag, der ihr das Herz zerriss. Als sie 13 war, starb ihr Vater, einige Jahre später verunglückte einer ihrer Brüder im Krieg. Dazu kam, dass sie von einem anderen Bruder nicht verstanden und öffentlich schlechtgemacht wurde. Auch der frühe Tod ihrer Schwägerin, die sechs Kinder zurückließ – das jüngste im Alter von drei Monaten – setzte ihr sehr zu. So gerne hätte sie für diese gelitten und wäre sogar bereitwillig für sie gestorben, doch das war ihr nicht gewährt worden."

„Was aber gab ihr die Kraft, all das auszuhalten und dennoch positiv gestimmt zu sein? Was gab ihr die Kraft, trotz all dem Leid noch für andere da zu sein?"

„Ihre tiefe Verbindung mit Gott und ganz besonders das, was du mit eigenen Augen sehen durftest: der Empfang der heiligen Kommunion. Sie hatte das große Glück, in Pfarrer Carl Rieger einen treuen Seelsorger zu haben, der täglich Jesus in der Gestalt der Hostie zu ihr brachte. Was die heilige Kommunion für sie bedeutete, kann ich dir in meinen Worten nicht so gut beschreiben wie Anna in ihren eigenen. Deshalb möchte ich dir das wiedergeben, was sie selbst in einem Brief schrieb:

‚Wenn mir jemand die Wahl ließe, entweder ganz gesund zu sein u. alle nur erdenklichen irdischen Freuden zu genießen und keine hl. Kommunion empfangen zu dürfen; – oder Tag und Nacht die bittersten Schmerzen ohne jeden Schlaf zu erdulden … aber alle Tage die hl. Kommunion empfangen zu dürfen, … – so würde ich mit größter Liebe das Letztere wählen, … denn kein irdisches Leiden vermag nicht hinzuwiegen, was ich im Herzen leiden müsste, wenn mir die hl. Kommunion entzogen wäre. Für eine einzige hl. Kommunion … bin ich doch hienieden schon reichlichst belohnt, für alle Opfer u. Leiden![24]‘

Ich denke, diese Sätze machen deutlich, was für einen hohen Stellenwert die Kommunion für sie hatte."

„Berührende Worte, das muss ich zugeben", meinte Felix.

„Vor allem, da sie wusste, wovon sie sprach, wenn sie von Schmerzen redete", sagte Ruth, „beim Wechseln der Verbände litt sie manchmal so sehr, dass sie ohnmächtig wurde. Und dennoch nahm sie all das gern in Kauf, wenn sie nur weiterhin Jesus empfangen konnte. Er gab ihr die Kraft, alles auszuhalten und dennoch voller Zuversicht zu sein.

Die Begegnung mit Jesus in der Kommunion war so bedeutend für sie, dass sie auch in vielen Briefen davon sprach und sogar Gedichte darüber geschrieben hat. Darf ich dir eines davon vortragen?"

Als Felix zustimmend nickte, begann Ruth:

„‚Empfangen möchte ich Dich so gern –
In heilger Kommunion
Denn im Genusse meines Herrn –
Hab ich den Himmel schon
Ess ich Dein Fleisch – trink ich Dein Blut –
So bleib ich ja in Dir
Und Du mein Gott – mein höchstes Gut –
Bleibst wunderbar bei mir
Ich lebe dann – doch nicht mehr ich –
Mein Leben bist nur Du
Du denkst und wirkst und sprichst durch mich –
Lenkst alles, was ich tu
(…) Und wenn ich Dich im Herzen trag –
Ist alle Freude mein
Des Lebens Leid und Lust und Plag –
Nichts kann zu schwer mir sein
Ich spüre kaum den herbsten Schmerz –
Ich achte keine Not
Du hebst mein Haupt und heilst mein Herz –
Im Brot verborgner Gott‘[25].“

„Die Kommunion gab ihr also wirklich sehr viel Kraft“, sagte Felix nachdenklich, „und sie sagte sogar, dass Jesus so in ihr war, dass sie durch ihn dachte, redete und handelte. Aber eines verstehe ich nicht: Wenn sie doch so sehr mit Jesus verbunden war, hätte sie ihn dann nicht einfach um Heilung bitten und sich all die Schmerzen ersparen können?“

„Das ist eine gute Frage. Soweit ich weiß, hat Anna in den ersten zwei Jahren nach dem Unfall noch gehofft, wieder gesund zu werden. Und vielleicht hat sie Gott anfangs auch darum gebeten. Andererseits hat sie selbst Jesus bei ihrer Erstkommunion angeboten, ein Sühneopfer für andere zu werden, um Sühne zu leisten für alle Beleidigungen und alle Unehre, die gegen ihn erfolgen. Und dieses Angebot hat er angenommen."

„Gegen ihren Willen?", fragte Felix.

„Wieso gegen ihren Willen? Ich hab dir doch gerade gesagt, dass sie sich selbst als Sühneopfer angeboten hat."

„Ja schon, aber du hast auch gesagt, dass sie in den ersten Jahren hoffte, wieder gesund zu werden."

„Das ist richtig", stimmte Ruth ihm bei, „aber dann erkannte sie, dass ihr Leiden die von Gott zugelassene Möglichkeit war, Sühne zu leisten und sie nahm es aus Liebe zu Gott und ihren Mitmenschen an. Sie opferte ihr ganzes Leid für andere auf: für die Kirche, für die Sterbenden, für die Armen Seelen und für alle, die sich ihrem Gebet anempfahlen. Und dadurch konnte vielen geholfen werden." [26]

„Wie grausam", meinte Felix, „sie musste leiden, damit es anderen besser geht. Das ist doch nicht fair."

„Ja, es wirkt grausam", stimmte Ruth ihm zu. „Doch wie es heißt: Einer trage des anderen Last. Dieses Prinzip war schon vor Tausenden von Jahren bei den Menschen zu finden."

„Das Prinzip, dass einer leiden muss, weil andere Mist gebaut haben?"

„Ja, dass ein unschuldiges Wesen leiden muss, weil andere etwas Schlechtes getan haben."

„Und wie wurde das vor Tausenden von Jahren ausgelebt?"

„Wie es ausgelebt wurde? Komm mit, dann wirst du es mit eigenen Augen sehen."

In der „Stadt des Herrn“

Die Landschaft, die Felix gleich darauf sehen konnte, kam ihm bekannt vor. In diesem Land waren sie schon gewesen – sogar schon zweimal. Und konnte es sein, dass die große Stadt, die vor ihnen lag, Jerusalem war? Doch dieses Mal war sie nicht verwüstet, sondern erstrahlte in vollem Glanz.

„Jerusalem?“, wandte er sich an Ruth, um sich zu vergewissern, dass er richtig lag.

„Richtig, wieder einmal Jerusalem, dieses Mal einige Jahre vor Jesu Geburt“, bestätigte diese. „Komm mit, wir haben noch ein Stück des Weges vor uns, bis wir da sind, wo wir hinwollen.“

Und während sie auf die Stadt zugingen, genoss Felix alle Eindrücke, die auf ihn einströmten. Sie befanden sich wieder einmal an einer höher gelegenen Stelle, von der aus sie die ganze Stadt überblicken konnten – die gewaltige Mauer, die sich schützend um die Stadt zog, die unzähligen Häuser, die aus einem Farbton zu bestehen schienen, das imposante Gebäude mit den zahlreichen Säulen, das sich rechts befand und den Blick unweigerlich auf sich zog. Ob es sich dabei um den Palast des Königs handelte? Oder war es der Tempel?

Als er sich mit dieser Frage an Ruth wenden wollte, merkte er erst, dass diese bereits einige Meter vor ihm war und er sich beeilen musste, wenn er sie einholen wollte. Weit und breit befand sich keine Straße, sodass er gehen konnte, wo er wollte. Während er sich seinen Weg suchte, fiel ihm auf, wie trocken und aufgerissen der Boden war. Das Gras, das ihn büschelweise bedeckte, war braun und kraftlos und am Himmel keine einzige Wolke. Stattdessen brannte die Sonne gnadenlos auf sie herab, als wollte sie auch noch den letzten Grünstich aus den Pflanzen entfernen. Schweigend ging er vor sich hin, während Ruth konstant einige Meter vor ihm blieb. Erst als sie im Tal und wieder auf einer öffentlichen Straße angelangt waren, gab sie ihm die Möglichkeit, sie aufzuholen.

„Was sollte das denn?", fragte er sie, als er endlich wieder an ihrer Seite angelangt war. „Willst du nicht mehr mit mir reden?"

„Ich dachte, ein bisschen Zeit zum Nachdenken schadet dir vielleicht nicht", meinte sie gelassen „Und mir auch nicht", fügte sie hinzu, als sie seinen zweifelnden Blick sah.

„Worüber musstest du denn nachdenken?"

„Darüber, wohin uns die Reise nach Jerusalem führen soll."

„Und, bist du zu einem Ergebnis gekommen?", fragte Felix neugierig.

„Eine Idee habe ich, aber ich will erst noch abwarten, wie sich hier alles entwickelt", gab Ruth zurück, während sie sich an den Rand der Straße stellte, um dem vollbepackten Esel, der gerade missmutig vorbeistampfte, nicht im Weg zu stehen. Hinter ihm versuchte ein dunkelhäutiger Mann, ihn mit lauten Rufen zu einem schnelleren Tempo zu bewegen, doch da war nichts zu machen. Der Esel ließ sich nicht aus der Ruhe bringen. „Nicht umsonst gibt es den Vergleich ‚stur wie ein Esel'", dachte Felix. Der Mann sollte froh sein, dass der Esel überhaupt so konstant weiterging und nicht mittendrin stehenblieb. Was nebenbei bemerkt äußerst ungünstig gewesen wäre, da die Straße sehr belebt war und viele Menschen unterwegs waren. Einige hatten ein Tier dabei, manche ein kleineres Schaf, das sie auf dem Arm trugen, manche ein größeres Schaf oder auch eine Ziege, die sie an einer Schnur hinter sich herführten, und manche ein paar Tauben, die in einem Korb eingesperrt waren. Wohin sie damit wohl wollten? Gab es in der Stadt vielleicht einen Tiermarkt, auf dem sie sie verkaufen konnten?

Gemeinsam mit all diesen Menschen traten sie durchs Stadttor und befanden sich von einem Augenblick auf den anderen in Jerusalem. Diesen Moment konnte er nicht einfach so belanglos vorübergehen lassen, fand Felix, und er blieb stehen, um die ersten Eindrücke dieser Stadt auf sich wirken zu lassen.

Und während er sich umschaute, hörte er, wie Ruth neben ihm eine Bibelstelle zitierte: „Jerusalem, Jerusalem, du tötest die Propheten und steinigst die Boten, die zu dir gesandt sind. Wie oft wollte ich deine Kinder um mich sammeln, so wie eine Henne ihre Küken unter ihre Flügel nimmt; aber ihr habt nicht gewollt. Darum wird euer Haus von Gott verlassen."[27]

„Ist das das Erste, was dir zu dieser Stadt einfällt?", fragte Felix, der nicht gerade begeistert darüber war, dass Ruth seine Euphorie, in dieser großartigen Stadt zu sein, mit ihren deprimierenden Worten trübte.

„Leider ja", entgegnete diese, „aber du hast recht, das ist nicht fair. Warte – mir fällt noch etwas ein, etwas, das König David über die Stadt sagte: ‚Ich freute mich, als man mir sagte: Zum Haus des Herrn wollen wir pilgern. Schon stehen wir in deinen Toren, Jerusalem: Jerusalem, du starke Stadt, dicht gebaut und fest gefügt'."[28]

„Das ist schon besser", meinte Felix.

„Und es passt besser zu dem, was wir jetzt vorhaben, denn wir pilgern nun genau zu dem Ort, der im Psalm genannt wurde – zum Haus des Herrn."

„Haben wir unsere Wanderung deshalb auf dem Berg begonnen und nicht erst hier, am Stadttor – damit wir berechtigter Weise vom ‚Pilgern' sprechen können?"

„So ist es“, bestätigte Ruth, „und nun komm, wir müssen nur den Menschen mit den Tieren folgen, dann kommen wir automatisch zum Tempel.“

„Was haben die Tiere denn im Tempel verloren?“ Das hätte Felix zu gerne gewusst – der Tempel war doch für die Menschen da und nicht für Tiere. Oder täuschte er sich da? Doch Ruth gab ihm keine Antwort, sie stand bereits mitten unter der Menschenmenge und Felix musste sich beeilen, um ihr nachzukommen.

Sie ließen sich von der Menge leiten und es dauerte nicht lange, da standen sie vor einer hohen Mauer, in deren Mitte sich ein beeindruckendes Tor befand. Felix blickte ehrfürchtig noch oben und bewunderte die prächtigen Flügel, die ihn dazu einluden, den Tempel zu betreten. Das Haus Gottes auf Erden.

Gleich darauf wurde er von der Menge mit hineingezogen in den Innenraum des Tempels. Hier stand er nun in einem großen Hof, in dem viele Männer, Frauen und Tiere zu sehen waren.

„Dieser Bereich wird Frauenhof genannt“, erklärte ihm Ruth, die unmittelbar neben ihm stand.

„Frauenhof?“, wiederholte Felix. „Wieso denn das? Hier sind doch viel mehr Männer als Frauen. Warum heißt er Frauenhof?“

„Er heißt Frauenhof, weil hier auch Frauen der Zutritt erlaubt ist“, klärte Ruth ihn auf, „die anderen Höfe, die näher beim Heiligtum sind, dürfen nur von Männern betreten werden.“

„Wie unfair“, entfuhr es Felix, „und das ließen sie sich gefallen?“

„Sie hatten keine andere Wahl“, meinte Ruth, „das war damals nun einmal so. Doch komm, lass uns dorthin gehen, wo sich das ereignet, was ich dir zeigen möchte.“

Während sie den Hof überquerten, hörte Felix die angsterfüllten Schreie mehrerer Tiere und je weiter sie gingen, umso näher kamen diese durchdringenden Hilferufe. Am Ende des Frauenhofes führte eine 15-stufige Treppe nach oben und nachdem sie diese emporgestiegen waren, konnte Felix auch sehen, woher die Laute kamen.

Sie waren nun ganz in der Nähe des Heiligtums. Vor ihnen befand sich ein großer Altar, auf dem ein Feuer brannte. Die Seitenwände des Altars waren mit Blut besprengt, die Luft erfüllt von beißendem Rauch.

Rechts vor ihnen standen mehrere Tiere, die an Ringen festgebunden waren. Daneben standen zwei Männer, die ein Schaf hielten, während ein anderer Mann mit einem dolchförmigen Messer vor dem Tier stand. Er bückte sich und stellte eine Schale unter den Hals des Tieres. Dann dauerte es nicht lange und das Schaf tat seinen letzten Atemzug.

Felix beobachtete, wie ihm der Mann mit grausamer Langsamkeit die Kehle aufschnitt. Kurz darauf sah er das Blut aus dem Körper des Geopferten strömen. Er sah, wie das Leben aus seinen Augen wich, während es in den Armen der Männer seinen letzten Kampf ausfochte. Zeitgleich begannen die anderen Tiere zu schreien. Es war, als würden sie das Schicksal des Getöteten beweinen, aber auch ihr eigenes Schicksal – ahnten sie doch, dass ihnen in Kürze das Gleiche widerfahren sollte.

Jetzt erst wurde Felix bewusst, dass das Schaf, das gerade geschlachtet worden war – im Gegensatz zu den anderen Tieren – keinen Laut von sich gegeben hatte. Stumm hatte es seinen Schlächter mit treuen Augen angesehen und sein Schicksal über sich ergehen lassen, was das Ganze nur umso grausamer machte.

Felix wandte sich ab. Er wollte keine weitere dieser Schlachtszenen sehen. Und ohne Ruth Bescheid zu geben, stieg er die Treppe zum Frauenhof wieder hinab. Tiere hatte er schon immer sehr gern gehabt, und auch wenn von ihm als Mann oft verlangt wurde, abgebrüht zu sein, ließ es ihn nicht kalt, wenn er ihnen beim Todeskampf zusehen musste.

„Was hast du dir dabei gedacht, mir gerade diese Szene zu zeigen?“, fragte er Ruth, die ihm inzwischen gefolgt war. „Ich muss ehrlich sagen, dass ich keinen Sinn darin sehe.“

„Ich hab dir doch gesagt, dass ich dir zeige, wie die Menschen das Prinzip lebten, dass einer leiden muss, weil ein anderer etwas Böses getan hat.“

„Richtig.“

„Und genau deshalb hab ich dir diese Szene gezeigt. Dieses Tier wurde geopfert, weil der Mensch, der es zum Tempel brachte, von seiner eigenen Schuld frei werden wollte. Es sollte stellvertretend erleiden, was eigentlich der Mensch hätte erleiden müssen. Und genauso ist es mit den anderen Tieren, die sich dort oben befinden.“

„Sie alle werden getötet, weil Menschen von ihrer Schuld frei werden wollen?“

„Ja, deshalb werden sie getötet. Später wird ihr Fleisch auf dem Brandopferaltar verbrannt und somit Gott als Opfer dargebracht, dadurch soll Gott gezeigt werden, dass er als höchster Herr anerkannt wird. Wärst du länger geblieben, würdest du das mit eigenen Augen sehen. Und du würdest sehen, wie der Priester das Blut nimmt und den Altar damit besprengt.“

„Warum denn das?“, fragte Felix schockiert.

„Weil die Israeliten glauben, dass das Leben im Blut ist. Das Blut ist für sie ein heiliges Element, es dient zur Reinigung und zur Sühne. Ohne Blutvergießen keine Vergebung. Durch das Besprengen des Altars bringen sie zum Ausdruck, dass das Leben Gott gehört.“

Und wieder erklang das Schreien der Tiere, wobei eines besonders laut war. Wer jetzt wohl an der Reihe war? Jedenfalls kein Schaf, denn diese verhielten sich ruhig, wenn ihre letzte Minute kam.

„Um es noch einmal festzuhalten", meinte Felix, „die Tiere müssen leiden, damit die Menschen sich von ihrer Schuld befreit fühlen. Das ist doch nicht fair."

„Fair – was ist schon fair?", fragte Ruth. „Wenn dich schon das Schicksal dieser Tiere so beschäftigt, was sagst du dann zum Schicksal eines Menschen, der unschuldig leiden muss, um die bösen Taten anderer zu sühnen?"

„Wie meinst du das?", fragte Felix irritiert.

„Ist es z.B. fair, dass Jesus gekreuzigt wurde, damit uns unsere Schuld vergeben wird und wir in den Himmel kommen können?"

„In meinen Augen nicht", sagte Felix.

„Und dennoch nimmst du das Angebot gerne an, oder?"

Als er sie fragend anblickte, fügte Ruth hinzu: „Nun, du willst doch, dass dir alles, was du in deinem Leben falsch machst, vergeben wird und du nicht selbst den Preis für die Vergebung zahlen musst, nicht wahr?

„Ja, das wäre nicht schlecht."

„Also nimmst du das Angebot, das Jesus dir macht, an: seinen Tod für deine Erlösung."

Als Felix nichts darauf erwiderte, fuhr Ruth fort:

„Einer stirbt, damit andere leben können. Wir sind nicht besser, als die Israeliten, die Tiere opferten, um Vergebung zu erlangen. Wir haben es nur leichter als sie. Wir müssen keine Lämmer opfern, wir können zu Jesus kommen und ihn um Vergebung bitten, dann wird uns vergeben. Denn Jesus ist das ‚Lamm Gottes, das hinweg nimmt die Sünden der Welt'. Ist dir der Ausdruck ‚Messopfer' bekannt?"

„Natürlich, das ist ja nur ein anderer Begriff für die Heilige Messe."

„Und hast du dich auch schon einmal gefragt, wie es zu diesem Ausdruck kam?"

„Bis jetzt noch nicht", musste Felix gestehen, „aber du hast ja bereits auf dem Berg Zion von einem Opfer gesprochen, das Jesus selbst in der Messe bringt. Wahrscheinlich spricht man deshalb auch vom ‚Messopfer'."

„Richtig", bestätigte Ruth, „man spricht von einem Opfer, weil Jesus selbst sich bei jeder Heiligen Messe in den Gestalten von Brot und Wein als Opfer darbringt."

„Doch wem bringt er sich dar?"

„Seinem Vater, um Gott dadurch zu ehren und den Menschen das ewige Heil zu schenken. Und wie ich bereits gesagt habe, bringt Jesus bei jeder Heiligen Messe das gleiche Opfer, das er auch am Kreuz für uns Menschen gebracht hat – nur eben auf unblutige Weise."

„So langsam werden mir die Zusammenhänge klar", sagte Felix nachdenklich, „und jetzt weiß ich endlich auch, was mit dem ‚Lamm Gottes' ausgedrückt werden soll, das vor der Kommunion gebetet wird."

„Der Vergleich Jesu mit einem Lamm ist schon sehr alt, sogar im Alten Testament ist er zu finden."

„Im Alten Testament? Da wussten die Menschen doch noch gar nichts über Jesus."

„Oh doch", widersprach Ruth, „sie wussten durchaus etwas über ihn."

„Wie denn das?"

„Durch die Propheten, zu denen Gott sprach. Diese haben einiges über Jesus vorausgesagt. Wenn es dir recht ist, zitiere ich ein paar Worte Jesajas, die genau zu dem passen, was wir gerade gesehen haben."

„Nur zu."

„(…) er hat unsere Krankheit getragen und unsere Schmerzen auf sich geladen (…) er wurde durchbohrt wegen unserer Verbrechen, wegen unserer Sünden zermalmt. Zu unserem Heil lag die Strafe auf ihm, durch seine Wunden sind wir geheilt (…) der Herr lud auf ihn die Schuld von uns allen. Er wurde misshandelt und niedergedrückt, aber er tat seinen Mund nicht auf. Wie ein Lamm, das man zum Schlachten führt, und wie ein Schaf angesichts seiner Scherer, so tat auch er seinen Mund nicht auf.[29]"

„Das scheint wirklich genau zu passen", bestätigte Felix, „wenn ich eines auch immer noch nicht ganz verstehe: Ist die Schuld von uns Menschen wirklich so groß, dass sie das Kreuzesopfer Jesu und dessen fortwährende Erneuerung in jeder Heiligen Messe erfordert?"

„Das ist sie. Du musst dich nur einmal in der Welt umblicken, was da an Grausamkeit geschieht. Aber soweit musst du gar nicht gehen, am besten fängst du bei dir selbst an."

„Bei mir selbst?", Felix blickte Ruth an, als wüsste sie nicht recht, was sie da sagte. „Ich verstehe nicht, was du mir damit sagen willst. Ich lebe doch einfach mein Leben und tue keinem etwas Böses."

„Bist du dir da so sicher?", fragte Ruth und schaute ihm eindringlich in die Augen.

„Na ja", sagte Felix ausweichend, „vielleicht bin ich manchmal ein wenig launisch."

Als Ruth ihn weiterhin so eindringlich ansah, meinte er: „Und ein wenig egoistisch. Aber warum auch nicht? Schließlich hatte ich es schwer genug in meinem Leben. Da ist es gerechtfertigt, dass ich vor allem auf mich schaue."

„Würde das jeder sagen, der es schwer im Leben hat, wo kämen wir da hin?"

„Nicht jeder hat es so schwer wie ich“, verteidigte Felix sich.

„Da hast du recht“, bestätigte Ruth, „viele haben es sogar noch schwerer.“

Ohne auf seinen empörten Blick zu reagieren, fuhr sie fort: „Und wie ist es mit der Unversöhnlichkeit deinem Vater gegenüber? Auch damit lädst du Schuld auf dich – du bist voller Verbitterung und weigerst dich zu vergeben.“

„Das kann auch wirklich keiner von mir erwarten, bei allem, was er mir angetan hat.“

„Und doch erwartet es Jesus. Und er hat das Recht dazu, doch dazu kommen wir später noch einmal. Tatsache ist, dass jeder von uns Schuld auf sich lädt, jeder von uns sündigt also – du, ich zu meinen Lebzeiten und auch andere Menschen. Es gibt unter uns keinen, der frei von Schuld ist, auch wenn manche sich das Gegenteil einreden möchten. Und unser Sündigen trifft Gott. Es trifft ihn so sehr, dass es eine Wiedergutmachung fordert.“

„Warum trifft das Sündigen Gott?“

„Weil Gott die Liebe ist und Sünde immer eine Handlung gegen die Liebe. Und somit automatisch eine Handlung gegen Gott. Doch damit du die Bedeutung der Sünde besser verstehst, damit du begreifst, warum sie in den Augen Gottes so schlimm ist und uns Menschen von ihm wegführt, müssen wir uns wieder auf den Weg machen – und zwar dorthin, wo alles seinen Anfang nahm.“

Dorthin, wo alles seinen Anfang nahm – wo sollte das sein? Aber noch ehe Felix sich weitere Gedanken dazu machen konnte, waren sie auch schon angekommen: an einem Ort, der alles, was er bisher gesehen hatte, an Schönheit übertraf.[30]

Im Garten Eden

Sie standen mitten in einer hügeligen Gartenlandschaft, die mit vielen verschiedenen Gewächsen überzogen war. Der Boden war übersät mit Heilkräutern von intensivstem Geruch, Blumen in den leuchtendsten Farben, Gras, dessen Grün frischer wirkte als jedes Grün, das Felix jemals gesehen hatte. Dazwischen standen vereinzelt Bäume – Palmbäume, die sich der strahlenden Sonne entgegen streckten, hohe und breite Bäume, die sich wie ein Dach über die Fläche breiteten und große Schatten warfen, Bäume mit den verschiedensten Früchten, deren bloßer Anblick ausreichte, dass einem das Wasser im Mund zusammenlief. Und alles schien zu leben, jeder Grashalm, jedes Blatt, jede Blume und es kam Felix vor, als sei alles erfüllt von Licht und Glanz.

Die ganze Landschaft drückte tiefen Frieden und Harmonie aus, es war kein einziger störender Laut zu hören, nur das fröhliche Zwitschern zahlreicher Vögel, die überall verteilt saßen und ihre Freude über ihr unbeschwertes Leben zum Ausdruck brachten und im Hintergrund das Plätschern eines Wasserlaufes, der nicht allzu weit entfernt sein konnte.

Felix und Ruth machten sich auf, dieses Paradies weiter zu erkunden. Da es keine ausgebauten Wege gab, mussten sie sich selbst einen Pfad durch das hohe Gras suchen. Vorsichtig bewegten sie sich vorwärts – sie wollten keine Blume und auch kein Kraut zerstören. Zu kostbar erschien ihnen all das, was sie hier sahen. Auf dem Weg merkten sie bald, dass sie nicht alleine waren. Immer wieder kam es vor, dass ein Tier ihren Weg kreuzte oder verspielt hinter einem Baum hervor sah.

Eigenartiger Weise sahen die meisten Tiere ganz anders aus, als die, welche Felix kannte. Und noch etwas war merkwürdig an ihnen: Sie alle schienen sich miteinander zu verstehen, keines hatte Angst vor einem anderen.

Auf einmal blieb Felix stehen: Er traute seinen Augen kaum. Waren es tatsächlich zwei Menschen, die wenige Meter von ihnen entfernt durch das Gras gingen? Er sah genauer hin. Ja, es waren Menschen, eindeutig, doch sie erschienen ihm anders zu sein als alle, die er je gesehen hatte. Ihre Körper machten nicht den großen Unterschied – es war das Leuchten, das von ihnen ausging, das ihn so überraschte.

Es war, als würde aus jeder Pore ihres Körpers Licht herausfließen. Das Licht kam aus ihren Händen, aus ihren Füßen, ja selbst ihr Haar, das bei beiden sehr lang war, leuchtete. Aufrecht schritten sie dahin und freuten sich über alles, was sie auf dem Weg entdeckten. Erst jetzt wurde Felix bewusst, dass beide nackt waren, doch das schien sie nicht im Geringsten zu stören. Offensichtlich waren sie bei den Tieren sehr beliebt, denn viele folgten ihnen, liefen neben ihnen auf und ab und tollten übermütig durchs Gras, um ihre Aufmerksamkeit zu gewinnen.

Bisher hatte Felix ehrfürchtig geschwiegen, dieser Ort kam ihm zu heilig vor, um ihn mit lauten Worten zu erfüllen. Doch als die beiden Menschen aus ihrem Blickfeld entschwunden waren, konnte er sich nicht länger zurückhalten.

„Wo sind wir?“, platzte es aus ihm heraus. „Ich habe noch nie Menschen, die so leuchten, wilde Tiere, die so furchtlos sind und eine Landschaft von so vollkommener Schönheit gesehen.“

„Und du wirst sie auf der Erde auch nie sehen“, entgegnete Ruth, „so waren die Menschen, die Tiere und die Natur, bevor die Sünde in die Welt trat. So hat Gott sie eigentlich gewollt.“

Und nach einer kurzen Pause fügte sie hinzu: „Wie ich dir schon sagte, sind wir da, wo alles seinen Anfang nahm: im Garten Eden."

„Im Garten Eden?", Felix glaubte, nicht richtig gehört zu haben. „Aber wenn wir im Garten Eden sind – waren die beiden Menschen, die wir gerade gesehen haben, dann etwa Adam und Eva?"

„So ist es", bestätigte Ruth.

„Ich hab immer gedacht, die gibt es gar nicht."

„Nun, dann bist du ja jetzt eines Besseren belehrt worden."

„Stammen dann doch alle Menschen von diesem einen Menschenpaar ab?"

„Natürlich, von wem denn sonst?"

„Von den Affen. Das wird doch immer behauptet."

„Ja, das wird behauptet – von vielen Wissenschaftlern, aber nicht von allen. Es gibt mittlerweile auch Wissenschaftler, die überzeugt davon sind, dass wir alle von einem Menschenpaar abstammen, aber diese werden in der Öffentlichkeit totgeschwiegen. Ihre Ansichten passen nicht zu dem, was man so glauben will."

Nachdenklich sah Felix vor sich hin, bevor er fragte: „Du hast gesagt, dass alles, was wir gerade sehen, vor dem Sündenfall ist – sehen wir auch noch, wie sich der Sündenfall ereignet?"

„Nein", erwiderte Ruth, „das sehen wir nicht. Aber wenn du willst, kann ich dir zeigen, wo er sich ereignet hat."

„Natürlich will ich!", rief Felix aus. „Das ist doch das Spannendste von allem."

„Dann komm, der Ort ist nicht weit von hier entfernt."

Und wieder machten sie sich auf den Weg durch das hohe Gras. Währenddessen wurde das Plätschern des Wassers immer lauter und schon bald standen sie vor einem breiten Fluss, dessen

Wasser so klar war, dass es den Blick auf die unzähligen Tiere, die sich darin tummelten, freigab. Wäre er nicht von der Neugier getrieben gewesen, Felix hätte ewig stehen bleiben und ihnen zusehen können. So aber machten sie nur einen kurzen Halt, bevor sie am Flussufer entlang weiter gingen. Und dann sahen sie ihn: Einen hohen Baum, dessen Stamm geschuppt war wie der Stamm einer Palme und dessen Zweige sich tief zur Erde herab beugten. Die Blätter dieses Baumes waren sehr groß und breit und vorne, in ihnen verborgen, hingen gelblich gefärbte Früchte.

„Hier hat sich der Sündenfall ereignet", sagte Ruth, „beim Baum der Erkenntnis von Gut und Böse."

„Das ist der Baum der Erkenntnis?", vergewisserte Felix sich, der ihn sich irgendwie anders vorgestellt hatte.

„Ja, das ist er. Er ist der einzige Baum, von dem Adam und Eva nicht essen durften, von allen anderen durften sie sich so viele Früchte nehmen, wie sie nur wollten. Nur von diesem einen nicht."

„Aber warum mussten sie dann ausgerechnet von diesem Baum essen? Im Garten sind doch so viele Bäume, die Früchte tragen und viele sehen viel einladender aus als dieser. Warum musste es ausgerechnet dieser Baum sein?" Jetzt, da er die Bäume mit eigenen Augen gesehen hatte, konnte Felix nicht nachvollziehen, wie es dazu kommen konnte, dass Adam und Eva gegen das Verbot Gottes gehandelt hatten.

„Ja, warum. Das ist eine gute Frage, zumal Gott ihnen sogar die Konsequenz eines möglichen Fehlverhaltens vorausgesagt hatte. Er hatte ihnen ganz deutlich gesagt, dass sie sterben müssten, wenn sie von diesem Baum essen würden. Sie wussten also, was sie erwartete und haben es trotzdem getan. Und warum? Weil sie dazu gebracht wurden, an Gott zu zweifeln."

„Durch die Schlange?"

„Ja, durch die Schlange. In ihr kam der Böse zu Wort, der den beiden einredete, dass Gott es nicht gut mit ihnen meinte, dass er ihnen etwas nicht gönnte und zwar die Fähigkeit, Gut und Böse zu erkennen und damit wie er selbst zu werden."

„Und daraufhin haben sie von den Früchten gegessen?" – „Ja, daraufhin aßen sie beide von den Früchten des Baumes, beide willigten in die Sünde ein. Und als sie erkannten, was sie getan hatten, wollte jeder die Schuld auf den anderen schieben: Adam auf Eva, Eva auf die Schlange. Doch Gott ließ sich nicht beirren, er bestrafte sie alle drei und vertrieb die ersten Menschen aus dem Paradies."

„War dieser Verrat so schlimm für ihn, dass er zu so harten Konsequenzen greifen musste?"

„Ja, das war er. Gott hatte den Menschen nur Gutes getan, hatte ihnen alles gegeben, was sie zu ihrem Glück brauchten und beschenkte sie noch dazu mit seiner Gegenwart und dennoch wandten sie sich von ihm ab."

„Und deshalb hat er sie aus dem Paradies vertrieben", wiederholte Felix.

„Richtig, deshalb hat er sie vertrieben."

„Und dann?"

„Du willst wissen, wie es weiterging? Reisen wir ein wenig weiter in der Zeit, dann kannst du es mit eigenen Augen sehen."

Gleich darauf war der Garten Eden verschwunden und sie standen in einer Landschaft, wie sie für die Erde typisch war. Eigentlich hatte Felix immer viel Freude an Landschaften gehabt und die Natur seit jeher geliebt, aber jetzt, da er das Paradies gesehen hatte, kam ihm die Welt wie verkrüppelt vor. Dem Gras fehlte das saftige Grün, den Blumen die Leuchtkraft, den Heilkräutern die Intensität des Geruches. Und allem fehlten das Licht und der Glanz, den es im Garten Eden gehabt hatte.

Wenige Schritte vor sich sah er eine Frau sitzen. Felix musste mehrmals hinschauen, bevor er in ihr Eva erkennen konnte. Auch sie hatte das Leuchten verloren, das sie im Paradies gehabt hatte. Mit einem Fell bekleidet saß sie da, das Haar in Bündeln um den Kopf gewickelt, in den Armen einen Säugling, dem sie die Brust gab. Vor ihr auf dem Boden spielte ein kleiner Junge. Er baute einen Turm aus Lehm und Steinen, die er gesammelt hatte. Er war ganz vertieft in sein Werk und ließ sich von nichts ablenken, nicht einmal von dem Säugling, der immer wieder quietschende Laute von sich gab und dem die Frau beruhigend zusprach.

Hinter den dreien konnte Felix eine einfache Hütte erkennen, deren Dach mit Pflanzen bedeckt war. Ob Adam gerade in dieser Hütte war? Oder war er unterwegs, um zu arbeiten und Nahrung für seine Familie zu besorgen? Vermutlich eher Letzteres, denn der Sonne nach, die erbarmungslos vom Himmel herab brannte, war es gerade Mittag oder früher Nachmittag. Felix ging um die Hütte herum, dicht gefolgt von Ruth, die stets an seiner Seite blieb. Und da sah er ihn: Adam. Er stand gebückt mitten in einem Feld, in den Händen hielt er ein selbstgebautes Gerät, mit dem er den trockenen Boden aufriss. Auch er war mit einem Tierfell bekleidet und auch er hatte das Leuchten verloren, das im Paradies aus ihm herausgeströmt war. Seine Haut war aufgebrannt von der Sonne, der Schweiß lief ihm im Gesicht und an den Armen herunter und von Zeit zu Zeit musste er innehalten, um neue Kraft zu schöpfen.

So also lebten die ersten Menschen, nachdem sie den Garten Eden verlassen hatten. Es war kein Vergleich zu dem, wie sie zuvor gelebt hatten. Wie bitter musste es sein, das vollkommene Glück zu kennen und gleichzeitig zu wissen, dass man es zu Lebzeiten nicht mehr bekommen würde.

„Nur weil sie sich einmal von Gott abgewandt haben, haben sie alles verloren?“, es fiel Felix schwer, das zu glauben.

„Alles haben sie nicht verloren“, beschwichtigte Ruth ihn. „Sie haben immer noch ihr Leben, sie haben sich gegenseitig und ihre Kinder. Sie haben zu essen und sie können stets Kontakt mit Gott aufnehmen, indem sie zu ihm beten. Aber sie haben sehr viel verloren, das kann man nicht leugnen. Sie haben die Unbeschwertheit des Lebens verloren, das unmittelbare Schauen Gottes, ihr Leuchten, ihr ganzes Leben im Garten Eden. Ihr Leben ist viel härter geworden und sie erfahren harte Schicksalsschläge. Du hast die beiden Kinder gesehen – einer davon wird den anderen töten. Und am Ende ihres Lebens steht ihr eigener Tod.“

„Und das alles nur, weil sie einmal gegen Gottes Willen gehandelt haben?“

„Sie hatten alle Freiheiten, nur eines sollten sie nicht tun und genau das haben sie getan. Damit haben sie ein schweres Vergehen begangen. Sie kannten Gott und sprachen sogar mit ihm, sie hätten wissen müssen, dass er nur ihr Glück wollte, dass er sie über alles liebte und alles zu ihrem Besten einrichtete. Und doch haben sie ihm misstraut und auf den gehört, der ihnen schaden wollte, der ihnen ihr Glück nicht gönnte.“

„Und weil diese beiden Menschen aus dem Paradies verstoßen wurden, dürfen auch wir nicht im Paradies leben?“, auch diesen Zusammenhang wollte Felix nicht akzeptieren.

„Ja, so ist es leider. Wir leben nicht im Paradies und am Ende unseres Lebens steht der Tod. Doch zum Glück sandte Gott seinen Sohn in die Welt, Jesus, der sein Leben zur Sühne für unsere Sünden gab. So können wir nach dem Tod in den Himmel kommen, wo wir für immer glücklich sein werden.“

„Du meinst, wenn Gott Jesus nicht gesandt hätte und dieser nicht für uns gestorben wäre, könnten wir nicht in den Himmel kommen?"

„Genau so ist es."

„Sind Adam und Eva dann auch für den Tod Jesu verantwortlich?"

„Wir alle sind für ihn verantwortlich, denn mal ganz ehrlich: Könntest du mit Sicherheit von dir sagen, dass du anders gehandelt hättest als die beiden? Dass du der Verführung standgehalten hättest? Ich würde es nicht wagen, so etwas von mir zu behaupten. Und deshalb halte ich mich auch nicht damit auf, Adam und Eva die Schuld zuzuweisen, sondern schaue lieber darauf, wie ich selbst mich in meinem Leben verhalten habe."

Nach einer kurzen Pause fuhr Ruth fort: „Wir alle haben die Fähigkeit, klar zu erkennen, was gut und was böse ist, und wie oft entscheiden wir uns dennoch für das Böse! Ich nehme mich selbst davon nicht aus. Auch wenn ich wirklich versucht habe, die Liebe zu leben und mich für das Gute zu entscheiden, habe auch ich immer wieder das Böse getan, das ich eigentlich nicht wollte."

Felix sah sie überrascht an: „Das sagst ausgerechnet du, die so viel für andere getan und so viel gebetet hat. Was hast du denn bitte Böses gemacht?"

„Nun, ich war manchmal recht dominant und habe andere dadurch verletzt. Außerdem habe ich meine Zeit teilweise mit unnützen Dingen vertan, anstatt sie sinnvoll zu nutzen und an manchen Abenden Filme angeschaut, die nicht ganz so ‚astrein' waren, um nur ein paar Beispiele zu nennen."

„Aber das sind doch Lappalien", meinte Felix, „so genau geht es doch nicht."

„Das sagst du“, erwiderte Ruth, „aber Gott sagt etwas anderes, bei ihm geht es sehr genau. Nicht umsonst bekennen wir zu Beginn der Heiligen Messe, dass wir ‚in Gedanken, Worten und Werken‘ gesündigt haben. Denn bei Gott geht es so genau, dass sogar die Gedanken zählen.“

Sogar die Gedanken sollten zählen? Oh je, das hätte Felix nicht erwartet. Musste er jetzt sogar aufpassen, was er dachte? Er konnte doch nichts für seine Gedanken! Oder etwa doch? Nun, wenn er ehrlich war, dann musste er zugeben, dass es schon öfters vorkam, dass er sich in etwas hineinsteigerte und seine Gedanken immer wieder darum kreisen ließ. Und zwar nicht die positivsten. Erst neulich hatte es so eine Situation gegeben. Wie so oft war er abends noch kurz Joggen gegangen. Der Weg, den er dazu gewählt hatte, ging zunächst geradeaus an Bahngleisen entlang, bevor er an der Seite eines kleinen Baches unter Schatten spendenden Bäumen verlief. Dort standen viele Bänke und auf einer davon saßen vier Jugendliche, die sich besonders cool vorgekommen waren. Als er vorbeilief, steckten sie die Köpfe zusammen und lachten, und kaum hatte er ihnen den Rücken zugewandt, machten sie unappetitliche Geräusche, die ziemlich sicher ihm gegolten hatten. Er hatte kurz überlegt, ob er umkehren und sie ansprechen sollte, sich dann aber doch entschieden, einfach weiterzulaufen. Doch den restlichen Weg verbrachte er damit, sich über die vorlauten Teenager zu ärgern und zu überlegen, was er alles zu ihnen hätte sagen können, um sich für ihr Verhalten zu rächen und sie gehörig in die Schranken zu weisen. Sie konnten von Glück sagen, dass sie nicht mehr auf der Bank saßen, als er zurückkam. Denn dann hätten sie etwas erlebt!

Waren in diesem Fall die Gedanken ein Problem gewesen? Aber er hatte sie ja nicht ausgesprochen und den Jugendlichen auch nichts getan. Und Worte und Taten waren doch sicher entscheidender als Gedanken, oder? Doch wie er kurz zuvor festgestellt hatte, waren auch die bei ihm nicht immer ganz erfreulich.

Er wandte sich wieder an Ruth: „Du hast gesagt, dass jeder Mensch die Fähigkeit hat, zu erkennen, ob etwas gut oder böse ist. Was ist, wenn ich diese Fähigkeit nicht habe? Woher kann ich mit Sicherheit wissen, ob das, was ich mache, gut oder böse ist?"

„Du hast diese Fähigkeit", versicherte Ruth ihm, „jeder Mensch hat sie. Aber wenn du unsicher bist, kannst du dich an etwas orientieren, das Gott selbst dir gegeben hat: an den 10 Geboten. Und im Endeffekt ist es ganz leicht: Das, was der Liebe zu Gott und den Mitmenschen entspricht, ist gut, das, was dieser Liebe widerspricht, ist schlecht. Die Liebe ist der Maßstab für alles, sie ist das Allerwichtigste!"

„Womit wir wieder beim Thema sind – die Liebe leben. Das hatten wir doch schon einmal."

„Richtig, und darauf werden wir noch oft zurückkommen."

„Warum ist es Gott eigentlich so wichtig, dass wir die Liebe leben? Abgesehen davon, dass er selbst die Liebe ist. Ich meine, was bringt ihm das?"

„Was es ihm bringt? Nun, auch wenn Gott uns Menschen aus dem Garten Eden hinausgeworfen hat, sind wir ihm immer noch sehr wichtig. Wir sind seine Geschöpfe. Und er liebt uns, jeden einzelnen von uns. Und deshalb möchte er auch, dass wir alle nach unserem irdischen Leben in den Himmel kommen. Wie ich dir bereits erklärt habe, hat er Jesus zu uns gesandt, der sein Leben zur Sühne für unsere Sünden hingegeben hat. Dank dieser Tatsache kann grundsätzlich jeder, der möchte, in den Himmel kommen. Aber wir müssen auch selbst unseren Teil dazu beitragen, dass wir dort ankommen: nämlich die Liebe leben."

Ruth gab ihm ein wenig Zeit, das Gehörte zu durchdenken, bevor sie fortfuhr:

„Ein weiterer Grund ist, dass Gott möchte, dass es uns auch während unseres irdischen Lebens möglichst gut geht. Indem wir die Liebe leben, tritt das ein: Wir selbst werden glücklicher und unsere Mitmenschen auch. Würde sich jeder darum bemühen, die Liebe zu leben, dann gäbe es viel weniger zwischenmenschliches Leid. Oft machen wir Menschen uns gegenseitig das Leben so schwer, indem wir einander rücksichtslos und hart behandeln und bloß auf den eigenen Vorteil bedacht sind."

Da musste Felix ihr recht geben. Er brauchte nur an seinen Vater zu denken – wie viel Leid hatte dieser durch sein liebloses Verhalten in die Welt gebracht, wie viele Wunden hatte er geschlagen! Und er konnte es nicht mehr gutmachen, denn er war tot. Und Felix hatte nicht vor, ihm einfach so zu vergeben.

Ruth, die sah, wie sich sein Gesichtsausdruck verfinsterte, fragte: „Denkst du wieder an deinen Vater?"

„Wie kommst du darauf?"

„Immer, wenn du so verbissen vor dich hinschaust, tust du das. Das habe ich inzwischen herausgefunden."

„Du hast zuvor gesagt, dass ich ihm vergeben sollte. Vielleicht würde ich das sogar, wenn er das, was er mir angetan hat, in irgendeiner Form wiedergutmachen würde."

„Du würdest also eine Wiedergutmachung verlangen, um ihm noch einmal eine Chance zu geben?"

„Auf jeden Fall! Ohne Wiedergutmachung geht gar nichts. Aber jetzt ist er ja tot. Und im Grunde ist es auch egal, denn wenn ich es mir genau überlege, könnte er das, was er mir angetan hat, sowieso nicht mehr gutmachen."

„Um es noch einmal auf den Punkt zu bringen", sagte Ruth, „ohne Wiedergutmachung keine zweite Chance – ist das deine Grundhaltung?"

„Richtig. So sehe ich es", bestätigte Felix.

Ruth sah ihn intensiv an, bevor sie fragte: „Was sollte Gott dann deiner Meinung nach tun, nachdem ihn die ersten Menschen so enttäuscht hatten? Sollte er ihnen auch keine zweite Chance geben?"

„Wie meinst du das?", irritiert schaute Felix sie an. „Er hat sie doch eh aus dem Paradies hinausgeworfen."

„Das schon. Aber er hat sich trotzdem noch um sie gekümmert. Und er hat ihnen auch eine zweite Chance gegeben."

„Und zwar?"

„Nun, er hat ihnen die Möglichkeit gegeben, nach dem Tod in den Himmel zu kommen, wo sie die Freuden des Paradieses erneut haben: Unsterblichkeit, die unmittelbare Nähe Gottes, völlige Sorglosigkeit und Unbeschwertheit, ewiges Glück. Doch nicht umsonst."

„Nicht umsonst? Wie meinst du das?"

„Ich meine, dass jemand für diese zweite Chance bezahlen musste und zwar mit seinem eigenen Leben."

„Jesus."

„Richtig, Jesus, das Lamm Gottes. Und Jesus ist es auch, den wir uns als Vorbild nehmen können, wenn es uns schwer fällt, zu vergeben. Inwiefern, das sollst du gleich mit eigenen Augen sehen."[31]

Auf Golgota

Gleich darauf sah Felix das Erschütterndste, was er je gesehen hatte. Im Vergleich dazu wurde das Schlachten des Schafes fast schon bedeutungslos. Er stand auf einem Hügel nur wenige Meter vom Kreuz Jesu entfernt. Doch es fiel ihm schwer, in dem Mann, der dort hing, den gleichen Jesus zu erkennen, dem er auf dem Berg Zion und am See Genezareth begegnet war. Der ganze Körper dieses Mannes war mit Wunden bedeckt. Das Haupt, auf dem sich ein Kranz aus Dornen befand, war zur Brust herabgesunken. Das Gesicht überströmt von Blut. Die Brust weit zerspannt und die Arme so weit nach außen gezogen, dass sie beinahe aus den Achselhöhlen heraustraten. Aus den aufgerissenen Händen, die von Nägeln durchbohrt waren, strömte das Blut, das an den Armen herabfloss. Auch aus den Füßen strömte das Blut und floss über das Holz des Kreuzes hinab auf den Boden. An seinem Körper war keine heile Stelle zu sehen. Dennoch hob er unter äußerster Anstrengung den Kopf und sagte so deutlich, dass alle Umstehenden es hören konnten: „Vater, vergib ihnen, denn sie wissen nicht, was sie tun."[32]

Vater vergib ihnen – wie konnte er diese Worte in einer solchen Situation nur aussprechen? Und seine Peiniger auch noch verteidigen?

Während Felix so dastand und nicht zu sprechen wagte, hörte er hinter sich lautes Gelächter. Als er sich überrascht ob solcher Gefühllosigkeit umdrehte, erblickte er mehrere Männer, die am Boden saßen, neben sich ein von Blut durchdrungenes Gewand, in der Mitte ein Brett mit Zahlen und mehrere bohnenförmige Steine mit Zeichen. Mit diesen würfelten sie. Und zwar so lange, bis einer einen lauten Freudenruf ausstieß und sich das Gewand schnappte.

„Sie würfeln um das Gewand Jesu, während dieser am Kreuz hängt und für sie stirbt", ging es Felix durch den Kopf, der seine Aufmerksamkeit nicht länger diesen Spielern schenken wollte und wieder auf das Kreuz schaute.

Jetzt traten mehrere Männer vor Jesus hin und blickten spöttisch zu ihm hinauf, bevor einer das Wort ergriff: „Du willst den Tempel niederreißen und in drei Tagen wieder aufbauen? Wenn du Gottes Sohn bist, hilf dir selbst und steig herab vom Kreuz!"[33]

Ein anderer sagte höhnisch: „Anderen hat er geholfen, sich selbst kann er nicht helfen. (…) Er hat auf Gott vertraut, der soll ihn jetzt retten, wenn er an ihm Gefallen hat; er hat doch gesagt: Ich bin Gottes Sohn."[34]

Und während Jesus schweigend zu ihnen herabschaute, drehten sie sich um und verließen die Kreuzigungsstätte.

Da erklang von links eine zynische Stimme: „Bist du denn nicht der Messias? Dann hilf dir selbst und auch uns!"

Erst jetzt nahm Felix die beiden Schächer wahr, die rechts und links von Jesus gekreuzigt waren. Sie boten einen erschreckenden Anblick, wie sie da ganz verdreht am Kreuz hingen. Ihr Gesicht war bläulich angelaufen, die Augen geschwollen und rot hervordringend. Und obwohl er selbst kurz vor dem Tod stand, machte sich einer von ihnen über Jesus lustig.

Wieder sagte Jesus nichts zu seiner Verteidigung, dafür ergriff der andere Schächer das Wort: „Nicht einmal du fürchtest Gott? Dich hat doch das gleiche Urteil getroffen. Uns geschieht recht, wir erhalten den Lohn für unsere Taten; dieser aber hat nichts Unrechtes getan."

Dann sagte er, den Blick auf Jesus gerichtet: „Jesus, denk an mich, wenn du in dein Reich kommst."

Jesus versuchte den Kopf zur Seite zu drehen, bevor er ihm antwortete: „Amen, ich sage dir: Heute noch wirst du mit mir im Paradies sein."[35]

Danach verstummte das Gespräch am Kreuz wieder. Keiner der Gemarterten hatte die Kraft für viele Worte, wenn auch keiner so zugerichtet war wie Jesus. Und das, obwohl er als einziger kein Unrecht begangen hatte.

Felix, dem sein Anblick sehr zu Herzen ging, war froh, als Ruth neben ihn trat und ihm andeutete, sich vom Kreuz zu entfernen. Beim Weggehen sah er die zahlreichen Soldaten, die den Platz bewachten. Hatten die Feinde Jesu solche Angst vor einem Aufruhr, dass ihnen eine derart große Anzahl an Soldaten notwendig zu sein schien? Oder wurde jede Hinrichtung so streng bewacht?

Nachdem sie mehrere Meter gegangen waren, blieb Ruth stehen und stellte sich so hin, dass sie das Kreuz im Blick hatte. Felix folgte ihrem Vorbild und so konnten sie beide weiterhin auf Jesus blicken.

„Sagtest du nicht, dass du mir diese Szene nicht zeigen würdest, weil sie zu grausam sei?", ergriff Felix schließlich das Wort.

„Ich sagte, dass ich dir die Kreuzigung nicht zeigen würde – damit meinte ich den Moment, in dem sie ihn auf das Holz nagelten und das Errichten des Kreuzes. Das, was du jetzt gerade siehst, ist bei Weitem nicht so erschütternd, wie dieser Vorgang."

„Aber erschütternd genug", meinte Felix.

„Ja, erschütternd genug", bestätigte Ruth. „Und ich denke, du weißt, warum ich dir diese Szene zeige", fuhr sie fort.

„Um mir zu zeigen, dass er trotz all dieser Grausamkeiten noch für die Menschen betet und Gott bittet, ihnen zu verzeihen."

„Und das bedingungslos", sagte Ruth. „Er stellte keine Forderung für das Verzeihen, forderte keine Wiedergutmachung. Im Gegenteil – er verteidigte die, die ihn so sehr leiden ließen, mit den Worten ‚denn sie wissen nicht, was sie tun'. Und ist es nicht oft so, dass Menschen, die andere schlecht behandeln, nicht wissen, was sie tun?"

„Dass sie etwas Böses tun, wissen sie sicher", meinte Felix, „du hast mir gerade erst erklärt, dass jeder das wissen kann. Aber es mag sein, dass ihnen das Ausmaß ihrer Handlungsweise oft nicht bewusst ist."

Sie blickten beide wieder auf Jesus, der immer noch leidend am Kreuz hing. Und noch weitere Stunden dort hängen würde. Von seinen Freunden verlassen, von seinen Feinden verhöhnt.

„Und denkst du nicht", fuhr Ruth nach einer Weile fort, „dass einem das Vorbild Jesu dabei helfen kann, auch selbst zu vergeben – egal was andere einem angetan haben?"

„Helfen kann es einem vielleicht", gab Felix zu, „doch ob man es tatsächlich schafft, das kann ich jetzt noch nicht sagen."

„Das musst du jetzt auch noch nicht sagen", meinte Ruth, „es ist schon viel wert, wenn du dir zumindest einmal Gedanken darüber machst."

„Ich werde es mir durch den Kopf gehen lassen", erwiderte Felix.

Irgendwie passte es nicht, dass sie in der Nähe des leidenden Jesu standen und sich unterhielten. Auch Ruth spürte das und nach einem kurzen Blickwechsel mit Felix löste sich das Bild, das sie gerade noch vor Augen gehabt hatten, auf und auch sie selbst befanden sich an einem anderen Ort. Zwar wieder auf einem Hügel – oder war es ein Berg? – doch nicht mehr vor dem Kreuz Jesu.

„Um ehrlich zu sein – ich bin erleichtert darüber, dass ich Jesus nicht länger leiden sehen muss“, sagte Felix.

„Ich auch“, erwiderte Ruth. „Da kann man fast verstehen, dass nicht viele seiner Anhänger bis zum Ende bei ihm blieben.“

„Nicht viele? Ich habe keinen gesehen.“

„Wenn wir ein wenig länger geblieben wären, hättest du mitbekommen, wie seine Mutter Maria und Johannes, sein Lieblingsjünger, zu ihm ans Kreuz traten und dort bis zum Ende ausharrten.“

„Seine Mutter war bis zum Ende bei ihm? Wie konnte sie es ertragen, ihren Sohn so leiden zu sehen?“

„Es hat ihr das Herz zerrissen, aber aus Liebe zu ihm ist sie geblieben. Zum Glück war Johannes bei ihr, um sie zu stützen.“

Felix versuchte, sich einen Moment lang vorzustellen, wie Maria unter dem Kreuz ihres Sohnes stand und war dankbar, dass er das nicht mit eigenen Augen hatte sehen müssen.

Dann wandte er sich wieder an Ruth: „Eine andere Frage – was genau hat die Szene der Vergebung, die du mir gezeigt hast, mit der Heiligen Messe zu tun? Denn diese steht ja im Mittelpunkt unserer Reise, oder hat sich das mittlerweile geändert?“

„Nein, natürlich nicht“, erwiderte Ruth, „das, was du jetzt gerade, im Tempel von Jerusalem und auch im Garten Eden gesehen hast, hat sehr viel mit der Heiligen Messe zu tun. Ist dir schon einmal aufgefallen, wie oft es in der Messe um Sünde und Vergebung geht?“

„Bisher nicht“, musste Felix zugeben.

„Dann versuche ich, es dir einmal zu verdeutlichen. Zu Beginn des Gottesdienstes begrüßt der Priester die anwesenden Gläubigen und gleich danach geht es das erste Mal um Sünde, nämlich im Schuldbekenntnis. Darin tritt jeder einzelne persönlich vor Gott und bekennt ihm, dass er gesündigt hat. Am besten gebe ich dir den genauen Wortlaut wieder – oder kennst du das Gebet eh auswendig?"

Als Felix sie nur fragend ansah, begann Ruth: „Ich bekenne Gott, dem Allmächtigen, und allen Brüdern und Schwestern, dass ich Gutes unterlassen und Böses getan habe – ich habe gesündigt in Gedanken, Worten und Werken – durch meine Schuld, durch meine Schuld, durch meine große Schuld. Darum bitte ich die selige Jungfrau Maria, alle Engel und Heiligen und euch, Brüder und Schwestern, für mich zu beten bei Gott, unserem Herrn."

„Warum spricht man ein solches Bekenntnis?", unterbrach Felix sie. „Ist es nicht ein wenig übertrieben, wenn man die Messe damit beginnt, dass man sich selbst schlecht macht?"

„Man macht sich doch nicht selbst schlecht. Man stellt eine Tatsache fest – und es ist eine Tatsache, dass jeder Mensch sündigt. Wenn wir wollen, dass Gott uns vergibt, müssen wir ehrlich sein und alle unsere Schwächen vor ihn hinlegen. Falscher Stolz ist hier wirklich nicht angebracht, denn Gott kennt unser Innerstes. Ihm können wir nichts vorspielen. Hör dir doch noch kurz an, welche Worte der Priester im Anschluss daran spricht: ‚Der allmächtige Gott erbarme sich unser, er lasse uns die Sünden nach und führe uns zum ewigen Leben'. Und schon fühlt man sich ein wenig freier! Insofern ist dieses Gebet sehr positiv. Es endet nämlich nicht mit dem Anerkennen von Schuld, sondern mit der Bitte um Vergebung und der Hoffnung auf ewiges Leben bei Gott."

„Wird dieses Schuldbekenntnis immer gebetet?", fragte Felix, der sich nicht erinnern konnte, es schon oft gehört zu haben – was aber vermutlich vor allem daran lag, dass er schon lange nicht mehr in die Kirche ging.

„Leider nicht“, erwiderte Ruth, „oft erfolgen nur die Kyrie-Rufe, doch auch in diesen wird Gott um Erbarmen gebeten.“

„Und wie geht es dann weiter? Wann geht es das nächste Mal um Sünde und Vergebung?“

„Gleich darauf beim Gloria. Allerdings wird dieses in der Regel nur an Sonn- und Feiertagen gebetet. Darin heißt es: ‚Herr und Gott, Lamm Gottes, Sohn des Vaters, Du nimmst hinweg die Sünde der Welt: erbarme dich unser: Du nimmst hinweg die Sünde der Welt: nimm an unser Gebet‘.“

„Wobei schon wieder die Rede vom Lamm Gottes ist.“

„Richtig“, bestätigte Ruth, dann fuhr sie fort: „Kommen wir nun zum zweiten Teil der Heiligen Messe: dem Opfergottesdienst. Ist dir schon einmal aufgefallen, dass sich der Priester zu Beginn des Opfergottesdienstes die Hände wäscht?“

Felix nickte, während vor seinen Augen das Bild eines Ministranten erschien, der mit einer kleinen Glasschale und einem Gefäß voller Wasser vor den Priester trat.

„Was soll das bewirken?“

„Es soll dazu beitragen, den Priester zu reinigen, bevor Jesus sich durch ihn als Opfer darbringt. Denn auch Priester begehen Sünden.“

„Das kannst du laut sagen“, fuhr Felix dazwischen, „ich darf gar nicht daran denken, was in den letzten Jahren so alles in der Zeitung stand.“

„Ja, leider gibt es immer wieder Skandale“, musste Ruth zugeben, „denn auch Priester sind nur Menschen, wenn sie auch durch ihre Weihe in besonderer Weise Stellvertreter Jesu Christi auf Erden sind. Und wie alle Menschen haben auch sie ihre Schwächen. Etwas muss ich aber schon zu ihrer Verteidigung sagen: Zum einen stimmt nicht immer alles genau so, wie es in den Medien veröffentlicht wird. Zum anderen gibt es viel mehr gute Priester, als ‚schlechte' – viele opfern sich selbst dafür auf, anderen Gutes zu tun. Doch von ihnen wird in den Medien kaum berichtet."

„Das stimmt", sagte Felix, „das Gute wird verschwiegen. Warum auch immer."

„Doch zurück zum Opfergottesdienst", fuhr Ruth fort. „Indem der Priester die Hände wäscht und die Worte spricht ‚Herr, wasche ab meine Schuld, von meinen Sünden mach mich rein', gesteht er ein, dass er ein Sünder ist und bittet Gott gleichzeitig um Vergebung. Danach betet er das Hochgebet, in dem es auch mehrmals um Sünde, Vergebung und das ewige Leben geht. Dir all diese Stellen wörtlich zu nennen, würde zu weit führen. Nur eine möchte ich noch zitieren: die Stelle, während der sich die Verwandlung des Weines in das Blut Christi vollzieht. Dabei nimmt der Priester den Kelch in die Hände und sagt: ‚Nehmet und trinket alle daraus: Das ist der Kelch des neuen und ewigen Bundes, mein Blut, das für euch und für alle vergossen wird zur Vergebung der Sünden. Tut dies zu meinem Gedächtnis'."

„Die gleichen Worte, die Jesus auch beim letzten Abendmahl gesprochen hat", kam es Felix.

„Ja, die gleichen Worte. Und sie sagen so viel aus", sagte Ruth.

Auf dem Berg Zion wollte sie Felix verdeutlichen, dass die Eucharistie durch Jesus selbst eingesetzt wurde und dass er seine Anhänger dazu aufforderte, sie zu seinem Gedächtnis weiterhin zu feiern. Nun ging es ihr darum, Felix zu der Erkenntnis zu führen, wozu das Blut Jesu vergossen wurde: „Du hast gerade selbst gesehen, wie viel Blut Jesus am Kreuz verloren hat. Wie es aus sämtlichen Wunden seines Körpers herausströmte. Und das alles aus einem bestimmten Motiv."

„Zur Vergebung der Sünden."

„Ja, zur Vergebung der Sünden. Es ist der Preis, den Jesus bezahlte, damit wir in den Himmel kommen können. Denn ohne Vergebung der Sünden ist kein ewiges Leben bei Gott möglich. Wir alle brauchen Vergebung und Gott gewährt sie uns nur zu gern. Allerdings stellt er zugleich eine Forderung an uns, die sogar in einem Gebet der Heiligen Messe enthalten ist. In einem Gebet, das jeder Christ kennen sollte."

„Eine Forderung? Was verlangt er denn?", wollte Felix wissen.

„Das soll er dir selbst sagen", antwortete Ruth und während Felix sie noch fragend ansah, bemerkte er plötzlich, dass sie nicht mehr alleine waren.[36]

Bei Jesus auf dem Berg

Von einer Sekunde auf die andere befanden sie sich mitten in einer großen Menschenmenge. Wo waren die nur alle hergekommen? Überall saßen sie – auf den Steinen, unter den Felsvorsprüngen und auf dem nackten Boden. Dicht aneinander gedrängt, damit ja alle Platz hatten. Doch obwohl so viele da waren, war es beeindruckend still. So still, dass man jedes Räuspern hören konnte. Aber es war keine bedrückende Stille, vielmehr eine erwartungsvolle, denn alle blickten noch oben, wo ein Mann stand und zu ihnen sprach.

Noch bevor er selbst nach oben schaute, wusste Felix, wer es war: Es war Jesus, den er soeben noch am Kreuz gesehen hatte. Sie befanden sich also wieder einmal in einer Zeit vor der Kreuzigung, einer Zeit, in der Jesus noch wandernd umherzog und die Menschen lehrte.

Und in diesem Moment ging es gerade um das Gebet. Mit eindringlicher Stimme sagte Jesus: „So sollt ihr beten: Unser Vater im Himmel, dein Name werde geheiligt, dein Reich komme, dein Wille geschehe wie im Himmel, so auf der Erde. Gib uns heute das Brot, das wir brauchen. Und erlass uns unsere Schulden, wie auch wir sie unseren Schuldnern erlassen haben. Und führe uns nicht in Versuchung, sondern rette uns vor dem Bösen."

Jesus hielt kurz inne, bevor er noch eindringlicher als zuvor sagte: „Denn wenn ihr den Menschen ihre Verfehlungen vergebt, dann wird euer himmlischer Vater auch euch vergeben. Wenn ihr aber den Menschen nicht vergebt, dann wird euch euer Vater eure Verfehlungen auch nicht vergeben."[37]

Nach diesen Worten herrschte noch größeres Schweigen als zuvor. Es war, als würden viele der Anwesenden in sich gehen und überlegen, was diese Worte für sie persönlich bedeuteten. Und auch Felix ging in sich. Er wusste genau, warum Ruth ihm diese Szene zeigte. Nicht nur, dass das Vater Unser in der Messe gebetet wurde. Es hatte auch viel mit seinem persönlichen Leben zu tun.

Wenn er wollte, dass Gott ihm vergab, dann musste auch er vergeben. Und zwar allen – auch seinem Vater. Doch nicht nur er. Jeder sollte das. Jeder, der in die Messe ging und auch jeder, der nicht ging.

Alles vergeben, egal was andere einem angetan hatten. Das war harte Kost. Aber es war die eindeutige Forderung Jesu, und der hatte jedes Recht, diese Forderung zu stellen, weil auch er selbst allen alles vergeben hatte.

Felix war froh, dass Ruth dieses Mal keinen Kommentar abgab, stattdessen sagte sie: „Ich würde dir gerne noch eine andere Szene zeigen. Was es mit dem ‚Lamm Gottes' auf sich hat, muss ich dir ja nicht mehr erklären, das hast du bereits selbst gesehen. Doch zu dem Gebet, das unmittelbar vor der Kommunion gesprochen wird, möchte ich dich wieder einmal mit auf die Reise nehmen."

Zu dem Gebet, das unmittelbar vor der Kommunion gesprochen wurde? Felix fiel zwar nicht ein, was das sein sollte, aber er war gespannt, was ihn dieses Mal erwarten würde.

Beim Hauptmann von Kafarnaum

Den Bruchteil einer Sekunde später fanden sie sich am Eingang eines kleinen Ortes wieder – hier waren sie doch auch schon einmal gewesen. „War es nicht Kafarnaum?", überlegte Felix, während er einen prüfenden Blick hinein warf. Ja tatsächlich, es war das gleiche Dorf, in dem Jesus die Rede über das Himmelsbrot gehalten hatte. Der Ort hatte sich nicht verändert, seit sie das letzte Mal hier gewesen waren, was Felix vermuten ließ, dass sie zeitlich zumindest im gleichen Jahrzehnt waren wie beim letzten Aufenthalt. Vielleicht sogar im gleichen Jahr, aber das konnte er nicht genau sagen.

Aus einem der Häuser trat ein Mann, der ziemlich groß und ungewöhnlich gekleidet war. Er hatte ein Gewand an, das nicht einmal die Oberschenkel ganz bedeckte und darüber einen schützenden Panzer, an dessen Seite ein langes Schwert herabhing. Auf seinem Kopf saß ein silberfarbener Helm, an den Füßen trug er hohe Stiefel, die die Kürze des Gewandes ein wenig ausglichen. Eines war sicher – bei diesem Mann handelte es sich nicht um einen Israeliten. Es war ein Römer, der da gerade auf sie zukam.

„Was er wohl vorhatte? Und wo er nur hinwollte?", fragte sich Felix, während der Mann immer näher kam und schließlich an ihnen vorbeiging. Seinem Gesichtsausdruck nach hatte er großen Kummer, denn seine Haut war gerötet, sein Mund zusammengepresst und seine Stirn voller Falten.

Felix schickte sich an, ihm zu folgen, als er eine Gruppe von Männern auf sie zukommen sah. Sie waren noch zu weit entfernt, um identifiziert zu werden. Bisher erkannte man nur ihre langen Gewänder und die Wanderstöcke in ihren Händen. Auf diese Gruppe steuerte der Römer eiligen Schrittes zu und mit ihm auch Felix und Ruth.

Als sie nur noch wenige Meter entfernt waren, sahen sie inmitten der Gruppe Jesus. Konnte es sein, dass der römische Soldat zu Jesus wollte?

Nun hörte Felix, wie einer aus der Gruppe einem anderen zuraunte: „Der Hauptmann von Kafarnaum. Was der wohl von uns will?"

„Ob er etwas dagegen hat, dass wir nach Kafarnaum kommen?", meinte der andere.

Jesus selbst blieb stehen und blickte den Hauptmann ruhig an.

Dieser trat ehrerbietig an ihn heran und sagte mit flehender Stimme: „Herr, mein Diener liegt gelähmt zu Hause und hat große Schmerzen."

Jesus sagte zu ihm: „Ich will kommen und ihn gesund machen."

Da antwortete der Hauptmann: „Herr, ich bin es nicht wert, dass du mein Haus betrittst; sprich nur ein Wort, dann wird mein Diener gesund. Auch ich muss Befehlen gehorchen und ich habe selber Soldaten unter mir; sage ich nun zu einem: ‚Geh!', so geht er, und zu einem andern: ‚Komm!', so kommt er, und zu meinem Diener: ‚Tu das!', so tut er es."

Jesus zeigte sich erstaunt, als er das hörte, und sagte zu denen, die ihm nachfolgten: „Amen, das sage ich euch: Einen solchen Glauben habe ich in Israel noch bei niemandem gefunden."

Und zum Hauptmann sagte Jesus: „Geh! Es soll geschehen, wie du geglaubt hast."[38]

Der Hauptmann begann zu strahlen, während er Jesus einen dankbaren Blick zuwarf, sich umdrehte und schnellen Schrittes zurück zu seinem Haus ging.

Jesus und seine Jünger gingen ebenfalls nach Kafarnaum hinein, und mit ihnen Felix und Ruth. So sahen sie, wie ein Diener auf den Hauptmann zulief, sich vor ihm niederwarf und voller Freude rief: „Herr, Herr, dein Diener ist gesund! Soeben hat er das Krankenlager verlassen."

Und während der Hauptmann in sein Haus eilte, und Jesus mit seinen Jüngern in Richtung Synagoge ging, blieben Felix und Ruth vor dem Haus stehen, aus dessen Innerem sie laute Jubelrufe hören konnten.

„Auf diese Begebenheit geht es zurück, dass man in der Messe betet: ‚Herr, ich bin nicht würdig, dass Du eingehst unter mein Dach, aber sprich nur ein Wort, so wird meine Seele gesund', während der Priester die Hostie hochhält, sodass alle das Lamm Gottes sehen können, das die Sünde der Welt hinwegnimmt", erklärte Ruth.

„Wenn man den Hintergrund dieser Worte kennt, sieht man sie mit ganz anderen Augen", meinte Felix.

„So ging es mir auch, nachdem ich erfahren hatte, woher diese Worte kommen. Meine Mutter war es, die mir erzählt hat, dass sie auf den Hauptmann von Kafarnaum zurückgehen und von da an habe ich sie ganz anders ausgesprochen."

„Es ist schon beeindruckend, dass der Hauptmann darauf vertraute, dass ein Wort von Jesus genügte, um seinen Diener gesund zu machen."

„Das ist es. Und auch, dass er, der römische Hauptmann, der allen Befehle gab, sich vor Jesus so klein gemacht hat."

„Klein gemacht?"

„Ja, indem er sagte, dass er nicht würdig sei, dass Jesus sein Haus betrete. Genauso wie wir eigentlich nicht würdig sind, dass Jesus in der Kommunion zu uns kommt", fuhr Ruth fort. „Und dennoch kommt er immer wieder zu uns. Da ist es das Mindeste, dass wir uns davor klein machen und unsere Schwachheit anerkennen."

„Indem wir diese Worte aussprechen?", fragte Felix nach.

„Ja, indem wir diese Worte aussprechen und uns dabei sogar hinknien", bestätigte Ruth.

„Hinknien? Muss das sein?"

„Es wäre sehr angebracht, würde ich sagen."

„Aber wozu? Was bringt es, wenn ich mich hinknie?"

„Indem du dich hinkniest, erkennst du die Größe Gottes an. Du erkennst an, dass du auf die Hilfe Gottes angewiesen bist, die er dir dann mit Sicherheit auch zuteilwerden lässt."

„Kann ich das nicht auch stehend zum Ausdruck bringen?"

„Nicht wirklich", sagte Ruth. „Wenn wir vor Gott stehen, dann zeigen wir damit, dass wir wachsam und bereit sind, uns für ihn auf den Weg zu machen. Deshalb steht man am Ende des Gottesdienstes oder auch beim Evangelium, in dem Gottes Wort verkündet wird. Doch an Stellen, in denen es um das Anerkennen unserer Schwachheit und die unmittelbare Erneuerung des Kreuzesopfers geht, ist es angemessener zu knien. Mal abgesehen davon – was spricht dagegen, dass du dich hinkniest?"

„Es ist unbequem."

„Trägheit also."

„Na ja, wenn du es so nennen willst."

„Oder steckt noch etwas anderes hinter deiner Abneigung?"

„Ich mach mich nun einmal nicht gerne klein."

„Aha, das ist wenigstens ehrlich", meinte Ruth. „Aber du kniest dich ja nicht vor einem Menschen hin, sondern vor Gott. Vor Gott, der dich so sehr liebt, dass er sogar sein Leben für dich gegeben hat. Und der sich selbst so klein macht, dass er in Gestalt einer Hostie zu dir kommen kann. Ist es wirklich so schwer, sich vor diesem Gott hinzuknien?"

„So habe ich es bisher noch nie gesehen“, sagte Felix nachdenklich, „das wirft natürlich ein anderes Licht auf das Ganze.“

Während beide kurz schwiegen, konnten sie durch das offene Fenster hören, dass im Haus immer noch eine freudige Stimmung herrschte. Der Hauptmann musste seinen Diener sehr lieben, wenn dessen Genesung ihm so viel bedeutete.

„Der Hauptmann bat Jesus lediglich um ein Wort, und der Diener wurde gesund“, meinte Felix daraufhin. „Wir bitten Jesus auch um ein Wort, damit unsere Seele gesund wird. Wird sie denn gesund, wenn wir ihn darum bitten?“

„Wenn wir Jesus aus ganzem Herzen und voller Vertrauen darum bitten – und er daraufhin das Wort der Heilung spricht, dann wird unsere Seele mit Sicherheit gesund werden“, versicherte ihm Ruth. „Wir sollten uns beim Vortragen dieser Bitte ein Beispiel am Hauptmann von Kafarnaum nehmen. Sein Vertrauen war es, das Jesus so beeindruckte, dass er den Kranken auf der Stelle heilte. Und unser Vertrauen wird es sein, das ihn bewegen wird, unsere Seele zu heilen.“

„Das heißt, wir können durch die Heilige Messe die Heilung unserer Seele erlangen.“

„Auf jeden Fall!“, bestätigte Ruth. „Und noch vieles mehr. Jede Messe bringt uns dem Himmel ein Stück näher, weil wir durch jede Messe Gott ein Stück näher kommen. Und weißt du, was noch etwas ganz Besonderes an dieser heiligen Feier ist?“

Während Felix sie erwartungsvoll ansah, fuhr Ruth mit Begeisterung in der Stimme fort: „Sie bringt nicht nur die Lebenden näher zu Gott, sondern auch die Toten.“

„Die Toten?“, fragte Felix erstaunt. „Wie denn das?“

„Nun, in jeder Messe wird der Verstorbenen gedacht, mehrmals sogar. Ist dir das noch nie aufgefallen?“

„Doch, ich glaub nach der Wandlung gibt es so ein Gebet, in dem sogar die Namen erwähnt werden“, erinnerte sich Felix. Er dachte daran, dass seine Mutter manchmal Messen für ihre verstorbenen Vorfahren lesen ließ, die darin namentlich erwähnt wurden. Als Kind hatte er daran natürlich immer teilnehmen müssen. Da hieß es dann:

„Komm Felix, heute gehen wir in die Kirche, denn heute wird die Messe für Tante Berta gelesen“, oder für wen auch immer. Und dann waren sie in die Kirche gegangen, auch wenn kein Sonntag war, sondern ein gewöhnlicher Werktag.

„Nicht nur nach der Wandlung“, riss Ruth ihn aus seinen Gedanken, „auch kurz davor schon. Da betet der Priester: ‚Gedenke deiner Diener und Dienerinnen N. N., (für die wir heute besonders beten) und aller, die hier versammelt sind. Herr, du kennst ihren Glauben und ihre Hingabe; für sie bringen wir dieses Opfer des Lobes dar, und sie selber weihen es Dir für sich und für alle, die ihnen verbunden sind, für ihre Erlösung und für ihre Hoffnung auf das unverlierbare Heil‘.[39]“

„Sag mal“, meinte Felix, „kennst du eigentlich alle Texte der Messe auswendig?“

„Die wichtigsten schon“, erwiderte Ruth, „ich ging schließlich fast jeden Tag in die Kirche. Hast du auf die Worte geachtet, die ich dir gerade vorgetragen habe?“

„Natürlich, es wird für die Verstorbenen gebetet, an die man gerade besonders denkt, für alle, die in der Messe sind und auch für alle, die mit den Anwesenden verbunden sind.“

„Richtig, und somit entsteht durch das Messopfer reicher Segen für viele Menschen. Sogar wenn nur einer aus einer Familie teilnimmt, erhält die ganze Familie etwas von diesem Segen. Und je mehr Mitglieder der Familie teilnehmen, umso größer wird natürlich die Wirkkraft des Segens, den die Familie empfängt. Aber nicht nur die Familienmitglieder können davon profitieren, dass man in die Messe geht – auch alle anderen Menschen, die einem am Herzen liegen. Eben alle, die mit einem ‚verbunden sind'."

Das war eine schöne Vorstellung, musste Felix zugeben, dass die Messe so vielen Menschen zugutekommen sollte. Wenn man damit wirklich so viel Positives bewirken konnte …

Doch weiter kam er in seinen Gedanken nicht, denn schon ergriff Ruth wieder das Wort: „Man muss sie nur alle vor Gott hintragen. Und weißt du, wann der beste Augenblick dafür ist? Während der Gabenbereitung. Während der Priester am Altar alles für die Wandlung vorbereitet, kannst du selbst alles, was dir auf dem Herzen liegt – alle Menschen, für die du beten willst und alle Anliegen, die du hast – gedanklich in eine Opferschale legen und vor Gott bringen. Wenn ich dir noch einen Rat geben darf: Bete dabei ebenfalls für die Menschen, die dir das Leben schwer machen, damit auch ihnen der Segen Gottes zuteilwird."

„Ich soll für die Menschen beten, die mir das Leben schwer machen?", Felix war sich nicht ganz sicher, ob er das gerade richtig verstanden hatte.

„Natürlich! Hast du noch nie auf die Stelle aus der Bergpredigt gehört, in der uns Jesus sagt, dass wir unsere Feinde lieben und für die beten sollen, die uns verfolgen?"

Nicht wirklich", gestand Felix.

„Dann ist es höchste Zeit, dass du es tust", meinte Ruth. „Doch noch einmal zum Gebet für die Verstorbenen. Du hast zuvor gesagt, dass du dich daran erinnerst, dass nach der Wandlung für die Verstorbenen gebetet wird. Lass mich auch dazu kurz einen Text zitieren, damit dir bewusst wird, worum genau gebeten wird. Und zwar sagt der Priester: ‚Gedenke auch deiner Diener und Dienerinnen N. und N., die uns vorangegangen sind, bezeichnet mit dem Siegel des Glaubens, und die nun ruhen in Frieden. Wir bitten dich: Führe sie und alle, die in Christus entschlafen sind, in das Land der Verheißung, des Lichtes und des Friedens'.[40]"

„Man bittet Gott also, dass er die Verstorbenen in den Himmel führt."

„Richtig, damit sie dort für immer glücklich sind. Wenn du das nächste Mal in der Messe bist, dann denk doch bei diesen Gebeten ganz intensiv an alle Menschen aus deinem Umfeld, die bereits verstorben sind. Bring sie gedanklich vor Gott und bitte ihn, dass sie bald in den Himmel kommen, falls sie nicht bereits dort sind."

„Und darauf hört Gott?"

„Natürlich! Indem du ihn in der Messe um Hilfe für die Verstorbenen bittest, vereinigst du deine Bitte mit dem Kreuzesopfer seines über alles geliebten Sohnes. Wenn er deine Bitte da nicht ernst nimmt, wann dann?"

Während Felix noch über das Gehörte nachdachte, sagte Ruth: „Mir fällt gerade noch etwas ein – eine kleine Geste, die du für die Verstorbenen machen kannst."

„Im Rahmen der Messe?"

„Ja, und zwar gleich nachdem du die Kirche betreten hast und kurz bevor du sie wieder verlässt! Ich weiß nicht, ob du das machst, aber normalerweise taucht man seine Finger vor der Messe und danach in das Weihwasser, mit dem man sich ein Kreuz auf die Stirn, auf den Mund und auf das Herz macht."

„Nicht wirklich", musste Felix zugeben, „ich sehe keinen rechten Sinn darin."

„So geht es vielen", erwiderte Ruth, „ich will versuchen, dir den Sinn zu erklären. Wenn wir das Kreuzzeichen machen, sagen wir gleichzeitig ‚Im Namen des Vaters und des Sohnes und des Heiligen Geistes! Amen.' Das sind die gleichen Worte, mit denen wir in der Taufe als Kinder Gottes angenommen wurden, während Wasser über unsere Stirn gegossen wurde. Somit leuchtet in gewisser Weise die heilige Taufe über uns auf, wenn wir dieses Zeichen machen und wir erneuern unseren Bund mit Gott. Wir sind seine Kinder und Erben und als solche betreten wir die Kirche und verlassen sie schließlich auch wieder. Zugleich mit dem Kreuzzeichen kommt Gottes Segen auf uns herab, der uns begleitet und beschützt."

„Und was hat das alles mit den Verstorbenen zu tun?"

„Bevor du selbst das Kreuzzeichen mit dem geweihten Wasser machst, kannst du ein wenig davon auf die Erde sprengen und dabei für die Armen Seelen beten. Damit rufst du auch auf sie das Wasser der Gnade und der Reinigung herab und sie bekommen Trost in ihrem Leid."[41]

Felix dachte kurz über das Gehörte nach, bevor er fragte: „Warum können die Verstorbenen eigentlich nicht gleich nach ihrem Tod in den Himmel kommen? Ich dachte, Jesus ist dafür gestorben, dass wir in den Himmel kommen können."

„Ist er auch, dank ihm haben wir überhaupt erst die Möglichkeit, in den Himmel zu kommen. Aber nicht unbedingt sofort nach unserem Tod, sondern erst, wenn wir rein genug sind", erwiderte Ruth.

„Aber warum? Könnte Gott den Menschen diese ‚Reinigung' nicht ersparen?"

„Leider nicht", erwiderte Ruth, „denn der Himmel ist der wunderbarste Platz, den du dir vorstellen kannst. Dort ist alles erfüllt von Licht, Leben und Liebe. Und dorthin kann nur der kommen, der ebenfalls erfüllt ist von Liebe – und zwar ganz erfüllt von Liebe. Doch leider ist es so, dass die meisten Menschen auch viel Lieblosigkeit in sich haben – die einen mehr, die anderen weniger. Und von dieser müssen sie erst gereinigt werden. Dazu kommen sie ins Fegefeuer, wo alles entfernt wird, was der vollkommenen Liebe im Weg steht. Und erst wenn sie ganz rein sind, dann können sie in den Himmel kommen."

„Das heißt, jeder hat es selbst in der Hand, wie lange er im Fegfeuer sein wird?"

„Ja, das hat jeder zu Lebzeiten selbst in der Hand – denn jeder hat einen freien Willen, mit dem er sich für die Liebe oder aber gegen sie entscheiden kann. Und das jeden Tag – nein, jede Sekunde aufs Neue. Versuche doch jetzt schon, ganz in der Liebe zu leben und die Handlungen gegen die Liebe zu unterlassen. Dann wirst du bald nach deinem Tod bei Gott sein. Die Kraft dazu kann dir die Heilige Messe geben – und besonders der Empfang der Kommunion. Das ist schon wieder ein Grund dafür, dass du gehen solltest."

Felix musste schmunzeln: „Jetzt haben wir in Kürze einige Gründe für die Teilnahme an der Heiligen Messe gefunden: Meine Seele wird geheilt; ich kann etwas für andere Menschen tun, und zwar sowohl für Lebende als auch für Verstorbene; ich kann Kraft schöpfen, um mich täglich neu für die Liebe zu entscheiden; ich kann Jesus empfangen und komme Gott – und somit auch dem Himmel – ein Stück näher."

„So ist es", bestätigte Ruth, „letztendlich kommst du durch jede Heilige Messe dem Himmel ein Stück näher. Carlo Acutis, ein Jugendlicher, der im Alter von 15 Jahren an Leukämie starb, brachte es treffend auf den Punkt, indem er die heilige Eucharistie als seine ‚Autobahn zum Himmel' bezeichnete."

„Als Autobahn zum Himmel", wiederholte Felix, „ein schöner Vergleich."

„Das ist es", stimmte Ruth zu.

Dann meinte sie: „Wie du richtig erkannt hast, gibt es so viele Gründe für den Besuch einer Heiligen Messe und so vieles, was man durch sie erhält. Und weil das so ist, haben wir allen Grund, Gott schon während der Feier zu loben und zu preisen, findest du nicht auch?"

„Da muss ich dir fast recht geben", bestätigte Felix.

„Und wo der erste Lobpreis der Heiligen Messe – das Gloria – seine Wurzeln hat, das sollst du gleich mit eigenen Augen sehen.

Bei den Hirten auf dem Feld

Hatte soeben noch heller Tag geherrscht, so war nun die Nacht an der Reihe, alles in Dunkelheit zu hüllen. Alles, bis auf ein paar Männer, die um ein prasselndes Feuer saßen und ihre Hände an der Glut der Flammen wärmten. Sie waren in weite Mäntel gehüllt, die ihnen Schutz vor der Kälte der Nacht boten. Um sie herum waren weiße Wollknäuel zu erkennen, die von Zeit zu Zeit blökende Laute von sich gaben.

Offensichtlich handelte es sich bei den Männern um Hirten, die die Nacht mit ihrer Schafherde im Freien verbrachten. Sie redeten leise miteinander, während einer von ihnen aufstand, und mehrere Holzscheite ins Feuer legte, damit die Flammen nicht ausgehen konnten.

Es herrschte eine sehr friedliche Atmosphäre – bis plötzlich etwas Eigenartiges geschah: Ein Licht kam auf sie zu, das immer heller wurde. Erschrocken sprangen die Hirten auf, wichen mehrere Schritte zurück und hielten sich die Hände schützend über die Augen, um nicht geblendet zu werden, als sie sahen, dass in dem Licht ein Engel stand.

Starr vor Angst blickten sie zu ihm hin, während er zu sprechen begann: „Fürchtet euch nicht, denn ich verkünde euch eine große Freude, die dem ganzen Volk zuteil werden soll: Heute ist euch in der Stadt Davids der Retter geboren; er ist der Messias, der Herr. Und das soll euch als Zeichen dienen: Ihr werdet ein Kind finden, das, in Windeln gewickelt, in einer Krippe liegt.“[42]

Und auf einmal wurde es noch heller und bei dem Engel war ein großes himmlisches Heer, das Gott lobte und sprach:

„Verherrlicht ist Gott in der Höhe und auf Erden ist Friede bei den Menschen seiner Gnade.“[43]

Genauso plötzlich wie sie gekommen waren, verschwanden die Engel wieder. Die Hirten sahen sich erstaunt an, sie konnten kaum glauben, dass das, was sie soeben erlebt hatten, tatsächlich stattgefunden hatte. Doch es gab keinen Zweifel – jeder von ihnen hatte die Engel gesehen und gehört, was sie gesagt hatten.

Schließlich ergriff einer das Wort: „Kommt, wir gehen nach Betlehem, um das Ereignis zu sehen, das uns der Herr verkünden ließ.“[44]

„Ja“, rief ein anderer begeistert, „lasst uns nach Betlehem gehen und den Retter der Welt begrüßen.“

Sofort ergriffen sie ihre Hirtenstöcke, vergewisserten sich, dass alle Schafe zum Aufbruch bereit waren und marschierten umringt von der blökenden Herde in Richtung Betlehem.

Ruth und Felix blieben am Feuer stehen, während die Herde sich immer weiter entfernte und schließlich ganz aus ihrem Blickfeld verschwand.

„Hier also hat der erste Lobpreis der Heiligen Messe seine Wurzeln“, meinte Felix dann.

„Ja“, bestätigte Ruth, „aus dieser Begebenheit stammen die ersten Worte des Glorias, das in der Heiligen Messe gesungen oder auch gebetet wird: ‚Ehre sei Gott in der Höhe und Friede auf Erden den Menschen seiner Gnade‘. Wir haben diese Worte direkt von den Engeln übernommen.“

„Das gibt ihnen eine ganz andere Bedeutung“, überlegte Felix laut.

„Ja, das tut es. Schade eigentlich, dass sie nicht immer gesungen werden.“

„Werden sie nicht?“

„Nein, in Werktagsmessen kann das Gloria weggelassen werden. Aber an den meisten Sonntagen und an Feiertagen ist es zu hören. Wenn du es das nächste Mal hörst, dann sing doch aus ganzem Herzen mit, und denk dabei an die Engel, die es das erste Mal gesungen haben."

Felix sah Ruth zweifelnd an, bevor er erwiderte: „Ist das dein Ernst? Du weißt doch, dass ich nicht singen kann."

„Ob du singen kannst oder nicht, spielt dabei keine Rolle", meinte diese nur, „es kommt auf die innere Haltung an. Wenn du singst, weil du Gott Ehre erweisen willst, so wird sich Gott über deinen Gesang freuen und nicht darauf schauen, ob du die Töne triffst oder nicht."

„Gott vielleicht – aber die Mitmenschen …"

„Die Mitmenschen, auf die darfst du dabei nichts geben. Du kannst ja ihnen zuliebe ein wenig leiser singen, aber sing! Sing für Gott und nicht für sie."

Felix dachte daran, wie oft er selbst über Leute gewitzelt hatte, die nicht singen konnten, es aber trotzdem taten. Und jetzt sollte er selbst derjenige sein, der sang und sich dadurch dem Gerede aussetzte? Ob er das über sich brachte? Na ja, vielleicht konnte er davor zuhause ein wenig üben, in der Hoffnung, dadurch etwas musikalischer zu werden.

„Genug zum Gloria", holte Ruth ihn aus seinen Gedanken zurück, „es gibt noch einen anderen Text, in dem Gottes Größe hervorgehoben wird und zwar das Sanctus, das kurz vor der Wandlung kommt. Dieses wird ebenfalls meistens gesungen, es kann aber auch gebetet werden. Ich sag dir einmal eine Version davon auf:

‚Heilig, heilig, heilig Gott, Herr aller Mächte und Gewalten. Erfüllt sind Himmel und Erde von deiner Herrlichkeit. Hosanna in der Höhe. Hochgelobt sei, der da kommt, im Namen des Herrn. Hosanna in der Höhe.'"

„Und das bedeutet Gott etwas, dass wir ihn in Liedern und Gebeten loben?", fragte Felix, während er ins prasselnde Feuer blickte, das noch immer alles mit seinem Licht und seiner Wärme erfüllte.

„Natürlich. Das bedeutet ihm sogar sehr viel!", versicherte ihm Ruth. „Denn damit erkennen wir seine Größe an und danken ihm zugleich für alles, was er für uns getan hat – für alles Herrliche im Himmel und auf der Erde."

„Und wenn ich mein Leben so trostlos finde, dass ich Gott nicht dafür loben will. Was dann?"

„Dann solltest du ihn erst recht loben – denn indem du das tust, machst du den ersten Schritt aus dem Negativen heraus. Es gibt viele Beispiele dafür, wie Menschen gerade in schwierigen, scheinbar aussichtslosen Situationen Gott lobten und wie es ihnen daraufhin besser ging. Aber bevor ich lange darüber rede, machen wir uns lieber wieder auf den Weg, damit du selbst solchen Menschen begegnen kannst.

Bei Paulus im Gefängnis

„Wo sind wir denn jetzt?", flüsterte Felix beunruhigt darüber, dass er kaum die eigene Hand vor den Augen sehen konnte.

„Im Gefängnis in Philippi, bei einem sehr bekannten Apostel", gab diese ebenso leise zurück.

„Im Gefängnis?", stieß Felix erschrocken aus, „was machen wir denn in einem Gefängnis?"

„Wir werden erfahren, was es bringt, wenn man Gott gerade in schwierigen Lebenslagen lobt", meinte Ruth gelassen.

Inzwischen hatten sich seine Augen an die Dunkelheit gewöhnt und Felix nahm mehrere Gestalten wahr, die dicht nebeneinander auf dem Boden der Gefängniszelle saßen. Dann hörte er von außen Schritte näher kommen. Ein Schlüssel wurde mehrmals umgedreht, bevor die Tür mit einem ächzenden Geräusch schwerfällig aufging. Herein kam ein dunkelhaariger Mann, eine Hand am Schwert, in der anderen eine Öllampe. Mit grimmiger Miene durchquerte er den Raum und blieb schließlich vor zwei Männern stehen, deren Füße in Blöcken befestigt waren, um jeden möglichen Fluchtversuch im Keim zu ersticken.

Spöttisch sah er auf sie herab. Diese Gelegenheit nutzte Felix, um selbst einen Blick auf die beiden zu werfen. Äußerlich betrachtet machten sie einen mitgenommenen Eindruck. Ihre Kleidung war zerrissen, ihr Gesicht mit blauen Flecken übersät, an den Händen trugen sie Fesseln – doch in ihren Augen war keine Furcht zu sehen. Unerschrocken blickten sie den Aufseher an, als dieser zu sprechen begann: „Da seht ihr einmal, wohin ihr mit euren Reden über diesen Jesus gekommen seid: ins Gefängnis! Das wird euch hoffentlich eine Lehre sein!"

„Wir bereuen kein Wort von dem, was wir gesagt haben, nicht wahr, Silas?", antwortete einer von ihnen.

„Kein Wort, Paulus", bestätigte dieser. „Und wir werden niemals aufhören, über Jesus zu reden", fuhr er an den Aufseher gewandt fort.

„Wie könnt ihr es wagen!", rief dieser zornig aus, während er mit seinem Fuß auf die beiden eintrat. „Na wartet, euch wird euer Übermut schon noch vergehen!", damit drehte er sich um und verließ wutentbrannt die Zelle.

Nachdem die Tür hinter ihm ins Schloss gefallen und aufs Neue versperrt worden war, meinte Silas: „Denkst du, dass wir dieses Gefängnis überleben, Paulus? Oder ist hier die Endstation unserer Erdenreise?"

„Ich weiß es nicht", gab Paulus nachdenklich zurück, „was ich aber weiß, ist, dass Gott bei denen, die ihn lieben, alles zum Guten führt. Wenn es also gut ist, dass wir am Leben bleiben, so werden wir am Leben bleiben, wenn es aber besser ist, dass wir sterben, so werden wir sterben. Im Grund ist es gleich, denn ob wir leben oder sterben, wir gehören dem Herrn. Darum lass uns ein Loblied singen und ihm danken für alles, was er bereits für uns getan hat."

Und schon begann er ein Lied zu singen, in das Silas gleich darauf einstimmte.

In der Zelle wurde es ganz still, keiner sprach ein Wort, während die beiden Männer in Fesseln auf dem Boden saßen und Gott aus ganzem Herzen lobten.

„Sie wissen nicht, ob sie am Leben bleiben oder sterben werden und singen trotzdem ein Loblied für Gott?", fragte Felix ungläubig.

„So ist es", bestätigte Ruth, „für sie spielt es keine Rolle, was geschieht, weil sie Gott vollkommen vertrauen. Wie Paulus gesagt hat: Ob sie leben oder sterben, sie gehören dem Herrn. Doch pass auf, wie es weitergeht."

Noch immer sangen die beiden Männer, während die anderen Häftlinge ihnen schweigend zuhörten.

Da war auf einmal ein lauter Knall zu hören. Die Erde begann zu beben, die Grundmauern des Gefängnisses wankten und die Tür der Zelle sprang auf. Manche der Insassen stießen furchterfüllte Schreie aus. Felix stand zitternd mitten im Raum und beobachtete starr vor Angst, wie sich die Fesseln der Gefangenen wie von selbst lösten. Ungläubig starrten die Betroffenen an sich herab. Sie konnten kaum glauben, was da soeben geschehen war. War es diese Fassungslosigkeit, die sie daran hinderte, die Flucht zu ergreifen oder steckten andere Motive dahinter? Jedenfalls verließ keiner den Raum, alle blieben, wo sie waren.

In diesem Moment waren draußen laute Schritte zu hören. Der Gefängniswärter stürzte herbei. Als er sah, dass die Tür weit offen war, stand für ihn fest, dass die Gefangenen geflohen waren. Und ohne erst einen Blick in die Zelle zu werfen, zog er sein Schwert aus der Scheide, um sich selbst das Leben zu nehmen.

Paulus, der die Gefahr erkannte, rief laut: „Tu dir nichts an! Wir sind alle noch da."[45]

Ungläubig kam der Wärter herein. Er traute seinen Augen kaum, als er sah, dass die Gefangenen tatsächlich noch alle da waren. Dann stürzte er auf Paulus und Silas zu und fiel ihnen zitternd zu Füßen.

Nachdem er wieder sprechen konnte, fragte er sie: „Ihr Herren, was muss ich tun, um gerettet zu werden?"

Und sie antworteten: „Glaube an Jesus, den Herrn, und du wirst gerettet werden, du und dein Haus."[46]

Daraufhin meinte er: „Ich bitte euch, erweist mir die Ehre und seid heute Nacht Gäste in meinem Haus. Nach dem, was soeben geschehen ist, möchte ich euch nicht in dieser Zelle zurücklassen."

Er schickte sich an zu gehen und als Paulus und Silas zögerten, forderte er sie noch einmal auf: „Bitte kommt mit und seid meine Gäste!"

So gingen sie mit ihm mit. Und auch Ruth und Felix verließen die Zelle, hatten sie doch alles gesehen, was für sie von Bedeutung war.

„Wer Paulus ist, weißt du, oder?", fragte Ruth, als sie sich wieder außerhalb des Gefängnisses befanden.

„Ja klar, ein bekannter Apostel", meinte Felix schnell. „War es nicht so, dass er die Christen zuerst verfolgte, bevor er selbst ein Christ wurde?"

„Ja, so war es", bestätigte Ruth, „er war sogar ein besonders grausamer Gegner der Christen und verantwortlich für den Tod von vielen. Doch dann erschien ihm Jesus auf der Straße nach Damaskus und diese Begegnung hat alles verändert. Fortan tat er alles, um den Glauben an ihn zu verbreiten. Wo auch immer er war, er sprach von Jesus – sogar im Gefängnis. Und er lobte und pries Gott, egal in welcher Situation er sich befand."

„Welche Folgen das hatte, das haben wir ja gesehen."

„Ja, die Ketten fielen von ihm ab und er wurde frei. Und genauso kann es auch uns ergehen", fuhr Ruth fort, „indem wir Gott gerade auch im Leid loben und preisen, können unsere Ketten von uns abfallen und wir frei werden."

„Aber nicht jeder, der im Gefängnis sitzt, kommt frei."

„Aus dem inneren Gefängnis kann jeder frei kommen. Und das ist das Gefängnis, in dem die meisten von uns gefangen sind. Wir sind Gefangene unserer unerfüllten Wünsche, unserer unverarbeiteten Schicksalsschläge, unserer mangelnden Einsichten und falschen Erwartungen. Wir sind unzufrieden und teilweise sogar verbittert. Von all dem will Gott uns befreien. Mit seiner Hilfe können wir sogar im Leid zufriedene und leuchtende Menschen sein. Doch dazu müssen wir auch selbst etwas beitragen: vor Gott hintreten und ihn lobpreisen – statt ihm Vorwürfe zu machen und im Selbstmitleid zu versinken! Meistens könnte alles noch viel schlimmer kommen! Doch wir tun uns selbst so leid, dass wir gar nicht mehr sehen, was wir alles haben – wie gut es uns trotz allem geht! Und glaube mir – ich spreche da aus eigener Erfahrung!"

Felix sah sie fragend an: „Aus eigener Erfahrung?"

„Ja, aus eigener Erfahrung. Auch ich hatte meine Kämpfe. Jahrelang sehnte ich mich nach einer Beziehung. Nach einem Menschen, der mich aus ganzem Herzen liebte, der mit mir eine Familie gegründet hätte und mit mir zusammen durchs Leben gegangen wäre. Ich ging so gut wie jeden Tag in die Heilige Messe und betete so viel, doch diesen Wunsch hat Gott mir nicht erfüllt. Mit den Männern hatte ich kein Glück"

„Für mich warst du immer ein leuchtender, zufrieden wirkender Mensch", sagte Felix betroffen, „mir war gar nicht bewusst, dass du darunter so gelitten hast."

„Sehr sogar", erwiderte Ruth, „doch ich musste lernen, mit dem Schmerz zu leben, dass mir eine beglückende Liebe zu einem Mann nicht gegeben wurde. Gott wusste schon, warum. Ich habe dafür so viele andere Geschenke bekommen – einen erfüllenden Beruf, Unterstützung durch meine Familie, wunderbare Freunde. Und Gottes Nähe, die ich oft ganz intensiv spüren durfte. Ich hatte ein erfülltes Leben, trotz mancher unerfüllter Wünsche."

Auf diese Worte hin gingen sie eine Weile schweigend nebeneinander her. Inzwischen hatten sie das Gefängnis und auch den Ort, an dem es sich befand, hinter sich gelassen und standen in der freien Natur. Noch immer war es mitten in der Nacht. Wäre nicht Vollmond gewesen, sie hätten sich kaum zurechtgefunden. So aber sahen sie genug, um zumindest auf dem Weg zu bleiben und eine Ahnung von der Landschaft, die sie umgab, zu bekommen.

„Im Grund brachten mich gerade die unerfüllten Wünsche näher zu Gott und durch sie lernte ich auch die Heilige Messe erst richtig kennen und lieben", durchbrach Ruth nach einer Weile das Schweigen.

„Wie das?", fragte Felix erstaunt.

„Das ist eine lange Geschichte."

„Wir haben alle Zeit der Welt, ist es nicht so?"

„So ist es in der Tat", lachte Ruth, „doch vielleicht machen wir es uns dort drüben bequem, bevor ich beginne, sie dir zu erzählen." Sie zeigte auf eine Gruppe großer Steine, die sich nur wenige Meter von ihnen entfernt befand. „Bequem machen auf Steinen?", dachte Felix, während sie darauf zugingen und Ruth nach einem passenden Platz für sie suchte. Nun ja, wenn sie meinte …

Er setzte sich neben sie. So eine Vollmondnacht im Freien hatte durchaus ihre Vorzüge. Weit und breit kein Mensch, vollkommene Stille und eine ins Mondlicht getauchte Landschaft. Vielleicht sollte er sich zuhause auch öfters in der Nacht ins Freie setzen und einfach nur dasitzen, vor sich hinschauen und nachdenken.

„Wie gesagt, es ist eine lange Geschichte“, setzte Ruth das Gespräch nach einer Weile fort, „und damit du sie verstehen kannst, muss ich in meiner Kindheit beginnen. Du weißt vielleicht, dass meine Eltern sehr gläubig waren. Sie gingen selbst jeden Sonntag in die Messe und wenn möglich auch unter der Woche. Da es ihnen sehr wichtig war, dass meine Geschwister und ich dabei waren, gingen wir auch mit – zumindest an jedem Sonntag.“

„Habt ihr das nicht als Zwang empfunden?“, unterbrach Felix sie. „Für mich war es schlimm, dass mein Vater darauf bestand, dass ich jeden Sonntag ging.“

„Nein, als Zwang haben wir es nicht empfunden – sie haben uns ja auch nicht gezwungen. Es war nur so, dass jedem von uns klar war, dass unsere Eltern sehr darunter gelitten hätten, wenn wir nicht mehr gegangen wären – aber nicht aus Eigennutz, sondern weil sie unser Glück wollten. Und für sie gab es kein dauerhafteres Glück für uns, als eine tiefe Verbundenheit mit Gott. Wie dir bekannt ist, machte ich nach der Realschule die Ausbildung zur Altenpflegerin. Nach einem einjährigen Praktikum zog ich nach München in ein Wohnheim und eine aufregende Zeit begann. Allein in der großen Stadt – weg von daheim. Der Anfang war nicht leicht, aber ich lebte mich immer besser ein und begann, das Stadtleben zu genießen. In die Messe ging ich weiterhin – aber nur am Sonntag.

Meine Mutter meinte, ob ich nicht auch unter der Woche gehen wolle, schließlich gebe es in München so viele Gelegenheiten dazu. Und so war es auch. Man konnte vormittags, mittags oder auch abends gehen und musste nicht einmal weit laufen, geschweige denn fahren. Aber ich war zu bequem. Obwohl mir Gott etwas bedeutete, reichte es mir, am Sonntag zu gehen – und vielleicht ab und zu einmal unter der Woche.

Doch dann begann mein Leben schwierig zu werden. Ich verliebte mich – und zwar unglücklich. Sven, dem mein Herz gehörte, entschied sich für eine andere. In der Verzweiflung, in die ich dadurch geriet, brauchte ich jemanden, an dem ich mich festhalten konnte, jemanden, der immer für mich da war. Und ich merkte, dass es nur einen wirklichen Halt für mich gab – Gott."

„Gott war in dieser Situation dein Halt? Hast du ihm denn keine Vorwürfe gemacht, dass du überhaupt erst in diese schlimme Lage gekommen bist?"

„Ich muss ehrlich sagen, dass mein Verhältnis zu ihm anfangs abkühlte, und dass ich mich teilweise auch sehr von ihm verlassen fühlte. Dann kam ein Abend, an dem ich stundenlang vor einem Marienbild kniete und einen Rosenkranz nach dem anderen betete. Von diesem Abend an hatte ich wieder inneren Frieden mit Gott – und nach und nach bekam ich eine tiefere Verbindung zu ihm als je zuvor.

Ich begann, immer mehr zu beten und regelmäßiger in die Heilige Messe zu gehen – bis ich schließlich sogar jeden Tag ging. So schaffte ich es auch, nach einiger Zeit den Kontakt zu Sven abzubrechen und mein Leben trotzdem weiterzuleben."

„Dein Leben trotzdem weiterzuleben? War das so schwer?", wollte Felix wissen.

„Oh ja, das war sehr schwer. Am Anfang habe ich an manchen Tagen stundenlang geweint und es gab Zeiten, da konnte ich die Menschen nur zu gut verstehen, die das Leben so schlimm finden, dass sie es beenden wollen. Es dauerte etwa ein Jahr, bis es zumindest wieder einzelne Tage gab, an denen ich das Leben schön finden konnte – aber es ging weiter und diese Tage nahmen zu.

Du fragst dich jetzt vielleicht, wie man so sein kann – wie man ‚nur wegen eines gebrochenen Herzens' so verzweifelt sein kann. Nun, die Menschen sind verschieden, und für einige reicht ein gebrochenes Herz aus, um über eine lange Zeit hinweg sehr unglücklich zu sein."

„Das frage ich mich gar nicht, Ruth, ich kann es verstehen."

Eine Weile war es still zwischen ihnen, dann meinte Felix: „In dieser schweren Zeit gab dir die Messe also sehr viel Halt. Aber irgendwann bist du ja über Sven hinweggekommen und trotzdem noch so oft gegangen. Warum? Hätte es nicht gereicht, wenn du dann wieder nur am Sonntag gegangen wärst?"

„Für mich nicht mehr. Ich hatte entdeckt, wie viel Kraft es mir gab, wenn ich möglichst oft ging und Jesus in der heiligen Kommunion empfing. Nachdem ich das gemerkt hatte, wollte ich nicht mehr darauf verzichten.

Oft stand ich schon sehr früh auf, um noch vor der Arbeit in die Kirche zu gehen, denn mir war aufgefallen, dass die Arbeitstage, an denen ich das machte, viel besser liefen."

„Inwiefern liefen sie besser?"

„Ich hatte mehr innere Kraft und mehr Liebe in mir und das kam den Menschen zugute, mit denen ich zu tun hatte. In meinem Beruf war es so wichtig, nicht abzustumpfen, sondern die Menschen, um die man sich kümmern musste, wirklich wahrzunehmen – mit all ihren Bedürfnissen und Sehnsüchten. Sie gut zu behandeln, trotz mancher Schwierigkeiten, die sie einem bereiteten. Und das war manchmal gar nicht leicht!

Denn es gab immer beides – Bewohner, die so liebenswert waren, dass man sich freute, wenn man ihr Zimmer betrat und Bewohner, die so schlecht gelaunt und verbittert waren, dass man am liebsten einen weiten Bogen um sie gemacht hätte.

Nach und nach erkannte ich, dass ihre Verbitterung die Folge tiefer Verletzungen war und dass sich alle im Grund nur nach einem sehnten – nach Liebe.

Und ich begann, mich um immer mehr Liebenswürdigkeit – gerade den Schwierigen gegenüber – zu bemühen. Die Kraft dazu bekam ich in der Heiligen Messe.

In sie legte ich alle meine Sorgen hinein und brachte sie vor Gott. Alle Menschen, die mir das Leben schwer machten, alle, die selbst große Probleme hatten, alle, die mir am Herzen lagen, brachte ich zu Gott und bat ihn um seine Hilfe."

„Und, hat es etwas gebracht?"

„Oh ja, es hat viel gebracht! Aber ich musste Geduld haben. Bei manchen wirkte das Gebet sehr schnell, bei anderen dauerte es sehr lange.

Am meisten berührt hat mich die Veränderung einer Frau, die mir das Leben besonders schwer gemacht hatte. Nicht nur, dass sie mich schlecht behandelt hatte, sie hatte mich auch noch bei anderen negativ dargestellt und falsche Gerüchte über mich in die Welt gesetzt. Diese Frau begann auf einmal, mir gegenüber immer liebenswerter zu werden. Sie begrüßte mich mit einem Lächeln, wenn ich in ihr Zimmer kam, schenkte mir Pralinen, um mir eine Freude zu machen und begann, mit mir über ihr Leben zu sprechen. Es kam so weit, dass ich mich manchmal nach Dienstende zu ihr ins Zimmer setzte und tiefgehende Gespräche mit ihr führte. Als sie starb, hinterließ sie eine große Lücke in meinem Leben."

„Und diese Veränderungen führst du auf die Heilige Messe zurück? War es nicht einfach so, dass du selbst so liebenswert zu den anderen warst, dass auch sie liebenswert zu dir waren? Nach dem Motto: ‚Wie man in den Wald hineinruft, so schallt es zurück'."

„An diesem Sprichwort ist mit Sicherheit viel Wahres dran. Und trotzdem führe ich die Veränderungen auf die Heilige Messe zurück, denn ohne sie hätte ich nicht die Kraft gehabt, den anderen so viel Liebe zu schenken. Man kann nur geben, was man selbst hat. Und es war nicht gerade so, dass ich durch eine erfüllende Beziehung zu einem Menschen genug Liebe bekommen hätte, um sie weitergeben zu können. Im Gegenteil, das, was ich mit manchen Menschen erlebt habe, hat mir die Kraft zu lieben eher entzogen als gegeben."

„Reichte die Liebe deiner Familie und deiner Freunde denn nicht aus, um dich mit genügend Liebe zu erfüllen?"

„Nein, sie reichte nicht aus. Ich wusste zwar, dass immer jemand für mich da war, wenn ich wirklich jemanden brauchte, doch wenn ich abends heimkam und in meinem Zimmer saß, war ich allein. Ich brauchte in meinem Leben eine Quelle, um aufzutanken – eine Quelle, die mir selbst so viel Liebe schenkte, dass ich diese auch weitergeben konnte. Und das war die Heilige Messe.

Und nach und nach spürte ich, wie ich durch die Liebe, die Gott mir darin schenkte, innerlich so verwandelt wurde, dass sich sogar meine Motivation, in die Heilige Messe zu gehen, veränderte. Ging ich anfangs in erster Linie, um etwas zu erhalten, so ging ich zuletzt in erster Linie, um bei Gott zu sein und ihm zu danken für alles, was er in meinem Leben bewirkte."

„Hm, aus diesem Grund bin ich noch nie gegangen", meinte Felix nachdenklich.

„Probier es doch einmal aus und schau, was passiert", ermunterte Ruth ihn.

Wieder saßen sie eine Weile schweigend nebeneinander. Dann sagte Ruth: „Ich habe dir inzwischen vieles gezeigt, was dir dabei helfen kann, die Heilige Messe besser zu verstehen.

Aber auf etwas bin ich noch gar nicht eingegangen – auf die Texte im ersten Teil des Gottesdienstes: die Lesung und das Evangelium. Das möchte ich jetzt noch tun, denn auch sie sind von entscheidender Bedeutung, da Gott selbst in ihnen zu uns spricht. Es sind Gottes Worte, die wir in der Bibel finden und die wir sowohl in der Lesung als auch im Evangelium zu hören bekommen. Und wir sollten der gute Boden sein, auf den sie fallen und reiche Frucht bringen."

„Inwiefern sollen wir denn Frucht bringen?", wollte Felix wissen.

„Indem wir genau darauf achten, was Gott uns sagen will und im Anschluss an die Heilige Messe danach handeln", erklärte Ruth. „Das Wort Gottes hat eine unglaubliche Macht. Es kann unser ganzes Leben verändern, wenn wir es nur zulassen. Doch bevor ich nach weiteren Worten suche, um dir das genauer zu erklären, möchte ich dich noch einmal mit auf die Reise nehmen und dir einen Menschen zeigen, der sein ganzes Leben an den Worten, die Gott zu ihm sprach, ausrichtete."

„Wohin geht es denn dieses Mal?", fragte Felix neugierig.

„Das Land verrate ich dir noch nicht", meinte Ruth geheimnisvoll, „aber die Zeit kann ich dir schon einmal sagen: Wir reisen in die 80er Jahre in ein sehr armes Land, in dem du noch nie zuvor gewesen bist."

Unterwegs mit der Heiligen der Dunkelheit

Und wie zu Beginn ihrer Reise waren sie wieder einmal mitten in einer Heiligen Messe. Sie fand in einer einfachen Kapelle statt. Vorne standen ein schlichter Altar und ein Ambo. Daneben eine große Statue der Gottesmutter, die mit einem Orden geschmückt war. An der Wand hinter dem Altar war der gekreuzigte Christus zu sehen.

Bänke gab es nicht, sodass die zahlreichen Schwestern, die alle einen weißen Sari mit blauen Streifen an den Rändern trugen, auf dem nackten Boden saßen. Im Moment herrschte Stille und die Schwestern blickten ehrfürchtig nach vorne zum Kreuz, unter dem die Worte ‚I thirst' zu lesen waren.

Dann standen der Priester und zugleich mit ihm alle Schwestern auf, und stimmten aus ganzem Herzen in ein Halleluja ein, das so mitreißend war, dass sogar Felix mitsang. Als der Priester auf Englisch zu sprechen begann, machten die Schwestern ein Kreuzzeichen auf die Stirn, den Mund und das Herz. Ah, sie waren also gerade beim Evangelium. Englisch verstand Felix relativ gut und so konzentrierte er sich auf den Text, um genau zu hören, welches Evangelium an diesem Tag verkündet wurde. Es war ein Text nach Matthäus. Und während der Priester diesen vorlas, übersetzte Felix innerlich Satz für Satz: „Ihr seid das Salz der Erde. Wenn das Salz seinen Geschmack verliert, womit kann man es wieder salzig machen? Es taugt zu nichts mehr; es wird weggeworfen und von den Leuten zertreten. Ihr seid das Licht der Welt. Eine Stadt, die auf einem Berg liegt, kann nicht verborgen bleiben. Man zündet auch nicht ein Licht an und stülpt ein Gefäß darüber, sondern man stellt es auf den Leuchter; dann leuchtet es allen im Haus. So soll euer Licht vor den Menschen leuchten, damit sie eure guten Werke sehen und euren Vater im Himmel preisen."[47]

Kaum war das Evangelium zu Ende, deutete Ruth Felix an, die Kapelle zu verlassen. Erstaunt sah er sie an, folgte ihr dann aber nach draußen und stieg hinter ihr die Treppe zum Innenhof hinab.

„Verrätst du mir jetzt, wo wir dieses Mal gelandet sind?", fragte Felix neugierig.

„In Kalkutta, einer Stadt in Indien", klärte Ruth ihn auf.

In Indien – hier war Felix tatsächlich noch nie gewesen.

„Wenn wir in Indien gelandet sind, warum wurde die Messe dann auf Englisch gelesen?"

„Hier sind immer wieder Priester aus dem Ausland zu Gast, die die indische Sprache nicht beherrschen. Diese lesen die Heilige Messe dann oft auf Englisch."

„Das ist nachvollziehbar", meinte Felix. „Doch es gibt noch etwas, das ich nicht verstehe – warum sind wir denn nicht länger in der Messe geblieben? Wir haben ja kaum etwas davon mitbekommen."

„Weil das, was ich dir dieses Mal zeigen wollte, bereits stattgefunden hat. Ich wollte, dass du das Evangelium des Tages hörst, bevor wir einer ganz besonderen Schwester folgen werden, um zu sehen, wie sie dieses Evangelium hier in Kalkutta in die Tat umsetzt."

„Und welche Schwester wird das sein?"

„Mutter Teresa, die dieses Jahr noch heiliggesprochen wird."

„Mutter Teresa? War sie in der Kapelle? Ich hab sie überhaupt nicht gesehen!"

„Wie solltest du auch. Bei der Heiligen Messe ist sie eine von vielen, die vor Gott hintritt. Sie stand ganz hinten neben der Tür und ist körperlich betrachtet sogar kleiner als viele ihrer Mitschwestern. Doch im Bezug auf das, was sie schon alles bewirkt hat, ist sie viel größer."

Felix bedauerte, dass er die einzelnen Schwestern nicht genauer betrachtet hatte. Auf der anderen Seite war er nicht wegen der Schwestern in der Kapelle gewesen, sondern wegen des Evangeliums und auf dieses hatte er genau geachtet. Mutter Teresa würde er schon noch sehen, das hatte Ruth ja gerade angekündigt.

Er dachte noch einmal an alles, was er in der Kapelle gesehen hatte und da fiel ihm die Marienstatue mit dem Orden wieder ein.

„Wieso trägt Maria einen Orden? Das habe ich noch nie gesehen."

„Diesen Orden hat Mutter Teresa von der Königin von England bekommen. Um zu zeigen, dass alles, was sie an Gutem tut, nicht ihr Verdienst ist, sondern das Werk ‚Jesu', hat sie ihn seiner Mutter geschenkt. Sie hat Maria auch andere Orden umgehängt – die Auswahl, die sie dabei hatte, war ja groß genug. Denn Mutter Teresa bekam so viele Orden und Auszeichnungen, dass nach ihrem Tod sieben einfache Militärspinde damit gefüllt werden konnten. Wenn sie sich darüber freute, dann nur, weil dadurch das Wirken Gottes gewürdigt wurde. Nie ging es ihr um ihre eigene Person, immer nur um Ihn. Sie wollte alles tun, um ‚Seinen Durst' zu stillen."

„Daher also die Worte unter dem Kreuz –, I thirst'."

„Richtig", bestätigte Ruth.

„Aber wonach dürstet Jesus?"

„Nach Liebe – zu ihm und zu den Mitmenschen. Und um diesen Durst zu stillen, kam Mutter Teresa täglich in der

Heiligen Messe zu ihm, war im stundenlangen Gebet mit ihm verbunden und gab ihr eigenes Leben hin, um Jesus in möglichst vielen Menschen zu lieben."

„Warum liebte sie Jesus in anderen Menschen? Wie soll so etwas überhaupt möglich sein?"

„Es ist möglich, weil Jesus sagte, dass wir alles, was wir für andere tun, automatisch auch für ihn tun. Wenn wir Kranke oder Gefangene besuchen, besuchen wir gleichzeitig ihn, wenn wir Hungernden zu essen geben, Durstigen zu trinken, Nackte bekleiden und Obdachlose aufnehmen, geben wir automatisch auch Jesus Essen, Trinken und Kleidung und nehmen ihn bei uns auf. Wenn wir auf Menschen zugehen, die ausgegrenzt werden, gehen wir auf Jesus zu. Kurz und gut – immer, wenn wir anderen voller Liebe begegnen, begegnen wir Jesus voller Liebe. Und wir werden zu einem Licht in der Welt, genauso wie Jesus es im heutigen Evangelium wünscht."

Ruth ließ Felix kurz Zeit, über das Gehörte nachzudenken, bevor sie meinte: „Damit du ein Beispiel für Mutter Teresas Wirken siehst, werden wir wieder ein wenig in der Zeit reisen. Nicht weit, nur eine Stunde, bis die Messe und das Frühstück vorbei sind."

Gleich darauf war der Innenhof gefüllt mit Schwestern, die emsig einer Arbeit nachgingen. Eine stand an der nahegelegenen Wasserpumpe und ließ Wasser in einen bereitstehenden Eimer fließen, eine andere stand mit einem leeren Eimer daneben, in dem ein Sari darauf wartete, gewaschen zu werden. Wieder eine andere kehrte mit einem breiten Besen den Staub zusammen, der überall verteilt lag.

„Wie kann dieser Innenhof nur so staubig sein, wenn die Schwestern scheinbar so fleißig sind?", wandte Felix sich an Ruth.

„Weil hier in Kalkutta überall Staub liegt“, erklärte diese, „außerdem ist das hier noch gar nichts. Warte einmal ab, bis wir auf der Straße sind, dann wirst du erst sehen, wie es ausschaut, wenn es irgendwo richtig staubig ist.“

Dem Lärm nach musste es sich bei der nächsten Straße um eine recht große handeln, die nahe am Haus vorbeiführte, denn Felix konnte die vorbeifahrenden Fahrzeuge und das Geschrei mehrerer Menschen deutlich hören.

Nach und nach kamen immer mehr Schwestern in den Innenhof – alle ausgestattet mit einem Eimer und einem Sari, welcher gewaschen werden musste. Doch von Mutter Teresa war immer noch nichts zu sehen. Langsam wurde Felix ungeduldig.

Da näherte sie sich endlich, umringt von einer Gruppe ehrenamtlicher Mitarbeiter, die an ihren Lippen hingen. Felix nutzte die Zeit, in der sie sich mit den Anwesenden unterhielt, um sie selbst genauer zu betrachten. Sie war wirklich ziemlich klein, trug ebenso wie alle anderen Schwestern den weißen Sari mit den blauen Streifen und an den Füßen einfache Sandalen. Ihrem Gesicht nach war sie schon im fortgeschrittenen Alter, denn sie hatte zahlreiche Falten. Vor allem, wenn sie lächelte, und das tat sie im Laufe des Gespräches immer wieder. Sie lächelte die Menschen an, die sich mit ihr unterhielten und kurz bevor sie den Innenhof verließ, die Schwestern, die dort arbeiteten.

Felix und Ruth schlossen sich der Gruppe an und traten zusammen mit ihr hinaus auf die Straße. Und jetzt verstand der junge Mann, was Ruth mit „richtig staubig“ gemeint hatte. Überall befand sich Staub – auf der Straße, neben der Straße, ja, auch in der Luft über der Straße, denn die vorbeifahrenden Autos und Lastwagen wirbelten ihn auf und sorgten dafür, dass er sich noch mehr verteilte.

Die Fahrbahn, an der sie entlang gingen, war ziemlich groß. Felix zählte die Spuren. Es waren sechs. In der Mitte befanden sich Schienen für eine Straßenbahn.

Immer wieder kamen sie an Menschen vorbei, die mitten auf dem Weg ihr Nachtlager aufgeschlagen hatten und nun dabei waren, sich für den Tag vorzubereiten. Sie alle waren spärlich bekleidet und die meisten so dünn, dass man die einzelnen Knochen sehen konnte. Manche hielten einen Stofffetzen in der Hand und wuschen ihn in einem kleinen Rinnsal, das auf dem Boden entlanglief und auf dem sich ein seltsamer weißer Schaum gebildet hatte. Andere schoben den Schaum beiseite, befeuchteten den Zeigefinger mit dem darunter fließenden Wasser und putzen sich dann die Zähne damit. Viele unterbrachen ihre Arbeit kurz, als Mutter Teresa ihnen ein freundliches Lächeln schenkte und einen guten Tag wünschte.

„Dort seht ihr Jesus. In jedem dieser Armen begegnet ihr Jesus“, wandte sie sich dann an die Ehrenamtlichen, die ihr folgten.

Felix warf einen prüfenden Blick auf die Menschen, die den Gruß der Schwester freundlich erwiderten. Mitten unter ihnen sah er auf einer zerfetzten Decke ein halb verhungertes Kind liegen, nicht älter als ein Jahr und vom Bauchnabel abwärts nackt. Um es herum Abfälle und Dreck.

Dann meinte er: „Wenn sie in all diesen Menschen Jesus sieht, müsste sie ihnen dann nicht mehr schenken als ein Lächeln, damit es ihnen besser geht?“

„Keine Sorge, sie belässt es nicht bei einem Lächeln“, erwiderte Ruth, „in Kürze werden ihre Schwestern, die Missionarinnen der Nächstenliebe, das Mutterhaus verlassen und Lebensmittel an die Armen verteilen. Außerdem sorgt Mutter

Teresa für zahlreiche Einrichtungen, wo diese Menschen Hilfe bekommen. So ließ sie zum Beispiel Suppenküchen einrichten, bei denen sie sich eine warme Mahlzeit holen können. Dazu kommen Waisenhäuser, Unterkünfte für Obdachlose, Krankenstationen und Sterbehäuser. Und auch in Schulen arbeiten die Schwestern. Unermüdlich und ohne an sich selbst zu denken, setzen sich Mutter Teresa und ihre Schwestern für die Ärmsten der Armen ein, um so Gottes Liebe in die Welt zu bringen. Sie bringen Licht in das Leben vieler Menschen, ganz im Sinne des heutigen Evangeliums: ‚So soll euer Licht vor den Menschen leuchten, damit sie eure guten Werke sehen und euren Vater im Himmel preisen'."

Dann fügte sie noch hinzu: „Aber man muss sagen, dass auch schon das Lächeln Mutter Teresas sehr viel wert ist. Wenn sie jemanden anlächelt, ist in diesem Lächeln so viel Liebe enthalten, dass es den anderen im Innersten seines Herzens berührt. Manche Menschen haben das Gefühl, Gott selbst ist es, der sie anschaut, wenn sie in ihre Augen blicken. So viel Liebe ist darin zu finden. Und diese Liebe, die sie ausstrahlt, ist es auch, die die Menschen scharenweise zu ihr hinzieht. Viele haben das Gefühl, in ihr Gott zu begegnen, und das, obwohl sie selbst Gott Jahre lang nicht mehr spüren konnte. Doch er war in ihr, immer. Wie sonst hätte sie so viel bewirken sollen?"

Inzwischen waren sie an einer Bushaltestelle stehengeblieben, der sich ein klappriger, blau-gelb-weiß-gestreifter Bus näherte. Besonders vertrauenswürdig sah er nicht aus, dennoch stiegen Mutter Teresa und alle ehrenamtlichen Mitarbeiter ein. Da kaum noch Sitzplätze übrig waren, blieben sie im Gang stehen und hielten sich an den Sitzen fest, als der Bus zügig weiterfuhr.

Während der Fahrt konnte Felix weitere Eindrücke von Kalkutta sammeln. Er sah viele hohe und imposante Häuser, die von einem gewissen Wohlstand zeugten, dann wieder heruntergekommene Gebäude, die bereits am Zerfallen waren. Er sah eine klapprige Straßenbahn vorbeiziehen, hupende Autos von verschiedenster Qualität und dazwischen mehrere Rikschas, kleine Gefährte aus Holz, vor die ein Mensch gespannt war, der die darin Sitzenden unter Aufbringung seiner letzten Kräfte an der Straße entlang zog. Und immer wieder sah er verwahrloste Bettler, die auf den Gehsteigen saßen und die Vorbeigehenden um eine kleine Spende anflehten. Alles in allem nahm er Kalkutta als eine vielfältige Stadt voller Gegensätze wahr.

Nachdem sie eine Weile so dahin gefahren waren, gab Mutter Teresa ein Zeichen, dass es an der Zeit war, den Bus wieder zu verlassen. Gleich darauf befanden sie sich an einem Platz, an dem eine Schar von Händlern ihre Stände aufgebaut hatte. Sie boten Stoffe in verschiedensten Farben, zahlreiche Alltagsgegenstände, intensiv duftende Gewürze und eine Vielfalt an weiteren Lebensmitteln. Dazwischen entdeckte Felix mehrere kleine Öfen, die mit Kohlen beheizt wurden und auf denen dunkler Tee mit Milch zubereitet wurde. Auch frisch gekochte Reisgerichte, die in kleine Schalen aus Palmenblättern gefüllt wurden, konnte man erwerben. Am liebsten wäre er stehen geblieben und hätte sich etwas gekauft. Doch dafür war auf dieser Reise kein Raum.

Mitten unter den Verkaufsständen hatte Mutter Teresa ihr Ziel erreicht. Vor einem großen Gebäude, das von außen wie ein Tempel aussah, blieb sie stehen, vergewisserte sich, dass alle da waren und trat dann gemeinsam mit der Gruppe ein.

„Wo sind wir hier?“, flüsterte Felix Ruth zu.

„Im Nirmal Hriday, dem Haus für die Sterbenden“, gab diese ebenso leise zurück. „Hierher werden Menschen gebracht, die krank auf der Straße liegen, kurz vor dem Tod sind, und um die sich niemand sonst kümmert. Mutter Teresa möchte, dass sie nicht einsam und unbeachtet sterben, sondern wenigstens am Ende ihres Lebens erfahren, dass sie geliebt sind. Aber nicht alle, die hierher kommen, sterben auch hier. Manche sind nur extrem ausgehungert, kommen durch die regelmäßigen Mahlzeiten wieder zu Kräften und verlassen das Haus als Lebende. Von daher ist der Begriff ‚Sterbehaus' eigentlich zu eng gefasst."

Inzwischen standen sie in einem großen Raum, in dem in mehreren Reihen eine Pritsche neben der anderen stand. Diese Pritschen waren recht einfach und mit einer dünnen Matte bestückt, doch sie waren stabil und erfüllten ihren Zweck. Auf fast jeder lag oder saß ein kranker Mann, spärlich bekleidet und noch dünner als die Obdachlosen, die sie vor Kurzem auf der Straße gesehen hatten. Bei den meisten konnte man förmlich sehen, dass sie sich am letzten Abschnitt ihres Lebensweges befanden und nur noch auf einen guten Tod hofften. Einer der Männer begann würgende Geräusche von sich zu geben, dann neigte er den Kopf zur Seite und erbrach einen Schwall gelben Schleims, der in einem Spucknapf auf dem Boden landete. Felix musste wegsehen, damit er sich nicht selbst übergeben musste. Doch das, was er sah, war nicht besser. Ein anderer Mann, dem beide Beine fehlten und dessen Körper mit Verbänden umgeben war, lag auf dem Boden neben seiner Pritsche und schlug mit dem Kopf gegen das Gestell, während er qualvolle Laute von sich gab. Immer wieder. Schnell eilte ein Helfer zu ihm hin, hob ihn auf und legte ihn zurück auf sein Lager.

Während Felix sich weiter im Raum umsah, bemerkte er, dass hier nur kranke Männer waren und keine Frauen.

„Was ist mit den Frauen?", fragte er Ruth. „Finden sie in diesem Haus keine Aufnahme?"

„Oh doch“, entgegnete diese, „aber sie sind in einem anderen Raum. Es gibt einen Raum für die Männer und einen für die Frauen.“

Nun wandte sich Mutter Teresa an die Gruppe, die ihr gefolgt war und gab den ehrenamtlichen Mitarbeitern ein paar Hinweise für den Umgang mit den Kranken. Wichtig sei, dass sie alles, was sie hier täten, mit der größtmöglichen Liebe tun würden. Es komme nicht darauf an, wie viel sie objektiv betrachtet schaffen würden, sondern einzig und allein darauf, mit wie viel Liebe sie die einzelnen Handlungen ausführen würden. Denn durch ihre Liebe sollten die Kranken erfahren, dass auch Gott sie liebe.

Dann wies sie jedem Einzelnen eine besondere Aufgabe zu. Sie nahm einen nach dem anderen an der Hand und führte ihn zu einem der Kranken, legte seine Hand auf dessen Stirn und sagte ihm dabei, was er tun sollte. Manche holten gleich danach etwas zu essen für den ihnen Anvertrauten, andere besorgten etwas zum Rasieren. Wieder andere blieben am Bett sitzen, hielten die Hand des Kranken und beteten leise neben ihm. Das ging so lange, bis jeder seine Aufgabe erhalten hatte.

„Die Zustände in diesem Sterbehaus sind schrecklich“, brach es aus Felix heraus, „all diese kranken Menschen, dieses geballte Leid, ich könnte es hier nicht lange aushalten.“

„So geht es vielen, die hierherkommen“, sagte Ruth, „und einige brechen ihren Dienst nach ein paar Tagen schockiert wieder ab. Doch stell dir einmal vor, es gäbe dieses Sterbehaus nicht, dann wären die Kranken, die du hier siehst, in einem noch viel schlimmeren Zustand, als sie es jetzt sind. Sie würden einsam und ohne Nahrung irgendwo auf der Straße liegen und qualvoll sterben.“

Felix blickte wieder auf Mutter Teresa, die sich umsah, um herauszufinden, was es für sie selbst noch zu tun gab. Momentan waren alle mit dem Nötigsten versorgt. So nahm sie einen Eimer und ein paar Putzlumpen zur Hand und verließ den Raum. Neugierig folgte ihr Felix und traute seinen Augen kaum. Hatte sie tatsächlich vor, die stark verschmutzten und übel riechenden Toiletten zu reinigen? Ja, ganz offensichtlich war das ihre Absicht! Sie füllte den Eimer mit Wasser und begann ihr Werk. Dabei war auf ihrem Gesicht keinerlei Abneigung gegen diese Arbeit zu erkennen – im Gegenteil. Ob sie sogar die Toiletten mit Liebe putzte? Anscheinend! Hatte sie doch soeben noch gesagt, man solle alles mit Liebe machen, ganz egal um was es sich handle.

Als Felix sie sprachlos beobachtete, trat Ruth zu ihm und sagte: „Mutter Teresa putzt oft die Toiletten. Sie meint, das sei gut für die Demut."

Und während die Schwester weiterhin eifrig am Werk war, fügte sie hinzu: „Auch diese Handlungsweise entspricht dem, was Jesus im Evangelium zu uns sagt. Erinnerst du dich an den Text, in dem beschrieben wird, wie er den Jüngern die Füße wusch? Dabei sagte er: ‚Wenn nun ich, der Herr und Meister, euch die Füße gewaschen habe, dann müsst auch ihr einander die Füße waschen. Ich habe euch ein Beispiel gegeben, damit auch ihr so handelt, wie ich an euch gehandelt habe'.[48]"

„Na ja, Füßewaschen ist doch etwas anderes, als Toilettenreinigen, meinst du nicht?"

„Es geht um das Gleiche – man macht sich selbst klein, um anderen zu dienen. Ob es sich nun um Füßewaschen, Toilettenreinigen oder einen anderen Dienst handelt, den man für seine Mitmenschen ausübt, ist nebensächlich. Es geht um die Geste des Dienens und die ist in den Augen Jesu etwas ganz

Großes. Etwas, das er selbst radikal vorgelebt hat. Er, der in die Welt kam, um zu dienen und nicht, um sich dienen zu lassen, und der dabei so weit ging, dass er sogar sein Leben hingab. Aus Liebe zu ihm putzt Mutter Teresa die Toiletten, so wie sie alles aus Liebe zu ihm macht."

Felix sah der Ordensfrau noch eine Weile beim Putzen zu, bevor er fragte: „Wie kam sie eigentlich dazu, dieses Haus zu errichten? Was hat ihr den Anstoß dazu gegeben?"

„Den Anstoß gab ihr ein Mann, den sie von der Straße mitgenommen hatte und in ein Spital bringen wollte. Obwohl er sterbenskrank war, wurde er dort abgewiesen, weil sie die Aufnahmegebühren nicht bezahlen konnte. Er starb in ihren Armen. Daraufhin hat Mutter Teresa dieses Haus gegründet, in dem jeder aufgenommen wird, der obdachlos ist und wirkliche Hilfe braucht – und um den sich niemand sonst kümmert."

„Und wie finanziert sie das Ganze? Das Essen, die Medikamente, die Kleidung und alles andere."

„Durch Spendengelder. Sie selbst hat kein Einkommen, sondern lebt ganz nach dem Motto: ‚Sucht zuerst das Reich Gottes, dann wird euch alles andere dazugegeben'. Und irgendwie erhält sie immer wieder das nötige Geld, um alle ihr zahlreichen Einrichtungen am Leben zu erhalten. Dazu kommt, dass hier so viele freiwillige Helfer und auch Schwestern arbeiten, die keinen Lohn verlangen. Natürlich sind diese in der Regel keine ausgebildeten Fachkräfte, aber sie tun ihr Bestes, und zwar ohne etwas Materielles dafür zu bekommen."

Inzwischen waren die Toiletten zu Mutter Teresas Zufriedenheit. Sie wusch sich sorgfältig die Hände und ging dann in den Raum, in welchem die Frauen lagen. Dort sah es ähnlich aus wie in dem für die Männer. Eine Schwester war gerade dabei, einer alten Frau die Verbände zu wechseln.

Mutter Teresa trat zu ihr hin und fragte, ob sie Hilfe gebrauchen könne. Als diese bejahte, entfernte sie eigenhändig den bräunlich verfärbten Verband. Darunter kam eine klaffende Fleischwunde zum Vorschein, aus der gelber Eiter herauslief. Ohne das Gesicht zu verziehen, versorgte Mutter Teresa die Wunde, während Felix sich abwenden musste, da er den Anblick nicht ertragen konnte.

„Wie schafft sie es, diese Arbeit zu tun und dabei immer noch diesen Ausdruck der Liebe auf ihrem Gesicht zu haben?“ Er konnte das nicht nachvollziehen.

„Indem sie in jedem Menschen Jesus sieht. Das ist ihr Geheimnis“, gab Ruth zurück.

Während sie mit Felix durch die Reihen ging, in denen die schwerkranken Frauen Pritsche an Pritsche lagen, fuhr sie fort: „In der Gegenwart wird immer wieder Kritik an dieser Einrichtung geäußert. Und mit Sicherheit gibt es so manches, das verbessert werden sollte. Man darf dabei aber nicht vergessen, dass sie aus reiner Selbstlosigkeit und Liebe entstanden ist – aus dem Bedürfnis Mutter Teresas, die Sterbenden weg von der Straße zu holen und ihnen einen Ort zu geben, an dem sie mit dem Nötigsten versorgt werden und in ihren letzten Stunden nicht alleine sind. Hätte sie dieses Haus nicht gegründet, so würden alle diese Menschen, die du hier siehst, auf der Straße liegen – vereinsamt, ohne Nahrung und ohne jegliche medizinische Versorgung. Mutter Teresa hat getan, was sie tun konnte. Was zu verbessern ist, liegt jetzt in den Händen derer, die gegenwärtig die Verantwortung tragen.“

Felix sah, wie nun auch Mutter Teresa durch die Reihen ging, hier ein liebevolles Lächeln schenkte, dort ein gutes Wort und einen warmen Händedruck, und wie ihr viele dankbare Blicke folgten, bevor sie schließlich den Raum verließ.

„Wohin geht sie?“, wollte Felix wissen, während Ruth und er hinter ihr aus dem Sterbehaus traten und zusahen, wie sie in den Straßen Kalkuttas verschwand.

„Wahrscheinlich zu einer anderen der vielen Einrichtungen, die sie gegründet hat. Vielleicht hilft sie dabei, Lebensmittel zu verteilen, oder sie fährt zum Kinderheim oder zur Leprakolonie. Vielleicht kehrt sie auch ins Mutterhaus zurück, wo mit Sicherheit ebenfalls zahlreiche Aufgaben auf sie warten. Es kann sogar sein, dass sie heute noch ihre wenigen Sachen zusammenpackt und das Land verlässt. Denn sie ist viel unterwegs – es heißt, dass sie in den letzten 35 Jahren ihres Lebens durchschnittlich jeden dritten Tag das Haus, das Land oder sogar den Kontinent gewechselt hat. Nicht umsonst gab es bei ihrem Tod beinahe 4'000 Missionare und Missionarinnen der Nächstenliebe, die auf 592 Häuser in über 120 Ländern verteilt waren.

Es ist wirklich beeindruckend, was Mutter Teresa in die Wege geleitet hat. Besser gesagt Gott durch sie, denn es ist eindeutig, dass er hinter dem Werk steht. Ein ‚einfacher Mensch‘ alleine hätte niemals so viel erreichen können.“

Beinahe 4'000 Missionare der Nächstenliebe in über 120 Ländern – das war wirklich beeindruckend.

„Werden wir ihr noch weiter folgen?“, fragte Felix, der gerne noch länger mit Mutter Teresa unterwegs gewesen wäre.

„Nein, hier endet unsere Begegnung mit ihr, denn ich glaube, du hast gesehen, was du sehen solltest: Was passieren kann, wenn man das Evangelium absolut ernst nimmt und ganz danach lebt. Dann wird man selbst zu einem Licht für viele Menschen und kann dazu beitragen, dass die Welt ein wenig heller wird.“[49]

„Aber man muss nicht gleich das Land verlassen und alles zurücklassen, oder?“, fragte Felix besorgt.

„Nein, natürlich nicht“, beschwichtigte ihn Ruth, „das verlangt Gott nur von manchen, die eine spezielle Aufgabe bekommen. Das Evangelium kann man auch im ganz normalen Alltag leben, in der Familie, im Beruf, im Freundeskreis oder wo auch immer.“

„Und wie soll ich das konkret machen? Ich kann doch nicht die ganzen Texte auf einmal in meinem Leben umsetzen.“

„Alle auf einmal sind ein bisschen viel, da hast du recht. Aber du könntest sie Schritt für Schritt einbauen und danach leben. Dazu kann ich dir einen kleinen Tipp geben, den ich selbst einmal von jemandem bekommen habe.“

„Und zwar?“

„Ein Priester hat mir einmal empfohlen, bei jeder Heiligen Messe ein bis zwei Sätze aus der Lesung oder dem Evangelium, die mich besonders berühren, aufzuschreiben und so bewusst mit in den Alltag zu nehmen. Daraufhin legte ich ein kleines Heft an, in das ich täglich einen solchen Satz schrieb. Diese Sätze las ich zwischendurch immer wieder durch, und ich merkte, wie sie mehr und mehr Raum in meinem Leben einnahmen.

Und ich habe noch etwas gemerkt: Dass sie im Endeffekt alle auf das Gleiche hinaus laufen – auf das, was vor Gott das Allerwichtigste ist: die Liebe. Es ist, als würde uns Gott in diesen Texten immer wieder zurufen: ‚Lebt die Liebe! Seid Menschen, die anderen mit meiner Liebe begegnen.‘“

„Also geht es schon wieder um die Liebe.“

„Ja, schon wieder um die Liebe – immer um die Liebe! Darum geht es in der Heiligen Messe, darum geht es im Leben und darum geht es im Himmel – an dem Platz, zu dem ich nun bald wieder zurückkehren werde.“

„Was, du willst mich schon wieder verlassen?“, fragte Felix entsetzt. „Gibt es nichts, was du mir noch zeigen könntest?“

„Es gäbe sogar vieles, was ich dir noch zeigen könnte", meinte Ruth, „viel Erstaunliches und Wunderbares, viele Menschen, die aus der Heiligen Messe ihre Kraft schöpfen, viele Wunder, die sich im Zusammenhang mit der Heiligen Messe ereignen. Doch ich denke, dass ich dir genug gezeigt habe, um dir ein tieferes Verständnis dieser Feier zu ermöglichen. Und ich könnte dir gar nicht genug zeigen, um dir ein absolutes Verständnis dessen zu ermöglichen, was die Heilige Messe im Endeffekt ist. In ihr ist so vieles verborgen, dass sie für einen sterblichen Menschen letztendlich immer eines bleiben wird: ein Geheimnis – ein Geheimnis des Glaubens, dem sich der Mensch nähern kann, an dem er teilhaben kann und aus dem er Kraft schöpfen kann, das er aber nie ganz erfassen wird."

„Heißt das: Ich kann machen, was ich will, ich werde sie nie ganz verstehen? Das ist ja frustrierend."

„Für uns Menschen ist es nicht ganz leicht zu akzeptieren, dass wir manches zu Lebzeiten nicht ganz erfassen können und dennoch ist es so", bestätigte Ruth.

„Und was ist, wenn ich das nicht akzeptieren will?", wandte Felix ein.

„Dann bist du damit nicht allein", fuhr Ruth mit einem Schmunzeln fort. „Lass dich von mir dazu einladen, mit deinen Gedanken eine Reise zu machen. Stell dir vor, du bist am Meer. Du sitzt auf dem steinigen Boden und vor dir schlagen die Wellen an den Strand. Soweit du sehen kannst ist Wasser und du bekommst eine leise Ahnung von der gewaltigen Größe des Ozeans. Da kommt ein kleines Kind und sucht nach einer sandigen Stelle zwischen den Steinen. Es findet eine und beginnt zu graben. Nach und nach entsteht ein mittelgroßes Loch. Zufrieden richtet sich das Kind auf und sucht nach einer Muschel. Dann rennt es mit der Muschel zum Meer, füllt sie mit Wasser und rennt zurück zum Loch. Vorsichtig schüttet es das Wasser in das Loch, bevor es zum Meer zurückläuft, um neues Wasser zu holen. Das macht es immer und immer wieder. Du schaust ihm zu und anfangs findest du es noch ganz amüsant. Doch irgendwann machst du dir Sorgen um das Kind, das immer erschöpfter wirkt und trotzdem unermüdlich weiterrennt. Du gehst zu ihm hin und fragst, was es eigentlich vorhat. Und das Kind antwortet dir, dass es das Meer in das Loch schöpfen möchte. Was würdest du ihm antworten?"

„Dass so etwas vollkommen unmöglich ist", sagte Felix ohne lange nachzudenken.

„Richtig. Das ist unmöglich. Das antwortete auch der große Kirchenlehrer Augustinus, der das, was ich dir gerade erzählt habe, selbst erlebt hat."

„Augustinus traf ein Kind, welches das Meer in ein Loch schütten wollte?"

„Ja, genau so ein Kind traf er und zwar als er sich den Kopf über die Dreifaltigkeit Gottes zerbrach. Und weißt du, was das Kind daraufhin erwiderte? Es sagte, dass es ebenso unmöglich sei, die Dreifaltigkeit Gottes mit dem Verstand zu erfassen, wie das Meer in ein Loch im Sand zu schütten.

Zu deinen Lebzeiten wirst du Gott nie ganz erfassen, das ist unmöglich. Dazu ist er viel zu groß, aber du kannst dich ihm annähern und ihn immer besser kennenlernen. Und so ist es auch mit der Heiligen Messe. Sie ist zu groß, als dass du sie zu Lebzeiten ganz erfassen könntest, aber indem du dich auf den Weg machst und dich intensiver mit ihr beschäftigst, wirst du sie zumindest immer besser verstehen, sie wird dir dadurch auch immer mehr bedeuten und zu einem Segen für dein Leben werden. Und ich würde nicht sagen, dass es frustrierend ist, wenn du weißt, dass dir dabei stets so manches verborgen bleiben wird. Das macht das Ganze doch umso faszinierender, umso geheimnisvoller."

Ruth machte eine kurze Pause, um Felix Zeit zu geben, über das Gehörte nachzudenken, bevor sie fortfuhr: „Man könnte die Heilige Messe diesbezüglich sogar mit dem Himmel vergleichen: Auch der Himmel ist etwas Großartiges, ein großes Geheimnis, mit dem man sich schon auf Erden befassen sollte, wovon man bereits zu Lebzeiten eine Ahnung bekommen kann, das man aber erst im Jenseits ganz erfassen wird."

„Du willst die Messe mit dem Himmel vergleichen?", fragte Felix erstaunt nach. „Ist das nicht etwas zu weit hergeholt?"

„Nicht wirklich", sagte Ruth, „meiner Meinung nach ist der Vergleich sogar sehr passend, denn sowohl im Himmel als auch in der Heiligen Messe kommt es zu einer intensiven und unmittelbaren Begegnung mit Gott. Man könnte sagen, dass man durch die Heilige Messe einen Vorgeschmack auf den Himmel bekommt und zwar einen so intensiven, dass manche sie sogar als ‚Himmel auf Erden' bezeichnen."[50]

„Wer kommt denn auf so eine Idee?"

„Eine sehr bekannte Persönlichkeit – Papst Johannes Paul II. Aber ich muss zugeben, dass man es im Himmel leichter hat, Gottes Gegenwart wahrzunehmen als in der Heiligen Messe. Denn im Himmel kann man ihn mit eigenen Augen sehen, wohingegen in der Heiligen Messe der Glaube gefordert ist. Und Glauben bedeutet nun einmal überzeugt sein von Dingen, die man nicht sehen kann."

„Wenn wir schon vom Himmel reden", warf Felix ein, „wie ist es denn dort – abgesehen davon, dass man bei Gott ist? Wie schaut es dort aus? Wen trifft man und mit wem ist man zusammen?"

„So viele Fragen auf einmal", erwiderte Ruth, „doch ich will versuchen, sie dir nach und nach zu beantworten. Im Himmel ist alles erfüllt von Liebe und Licht. Alles ist voller Leben und durchdrungen von der Gegenwart Gottes. Man trifft Menschen wieder, die man auf Erden liebte und die sich dort drüben auf einen freuen und auch viele andere Menschen, die man zu Lebzeiten noch nicht kannte, die man aber im Himmel kennenlernt. Man begegnet Jesus und seiner Mutter Maria. Man trifft unzählig viele Engel, vor allem auch seinen Schutzengel, der zu Lebzeiten unsichtbar immer bei einem war. Und man ist so glücklich, wie man es auf Erden gar nicht sein kann. Man fühlt sich so unendlich und bedingungslos geliebt wie nie zuvor. Und so gern man die Menschen auch hat, die noch auf der Erde sind – wenn man einmal erfahren hat, wie schön es im Himmel ist, dann möchte man nicht mehr zurückkehren. Dann möchte man dort bleiben, denn es gibt kein irdisches Glück, das größer ist, als das Glück, das einem im Himmel zuteilwird."

„Das heißt, du wolltest gar nicht mehr in dein irdisches Leben zurück, als du deinen tragischen Unfall hattest?"

„Nein, ich wollte nicht mehr zurück. Warum auch? Sicher, es gab viele Menschen, die um mich trauerten, als ich ins Jenseits ging und in deren Leben ich eine Lücke hinterließ. Aber ich war mir sicher, dass sie auch ohne mich ihren Weg gehen würden und dass Gott für sie sorgen würde. Außerdem wusste ich, dass ich auch vom Himmel aus immer wieder einmal bei ihnen sein, ihnen helfen und bei Gott Fürsprache für sie einlegen konnte. Damit konnte ich mehr für sie tun, als wenn ich weiterhin auf der Erde gelebt hätte. Und schau, ich bin jetzt auch bei dir – diese Reise hätten wir niemals machen können, wenn ich mich nicht zuvor von meinem irdischen Leben verabschiedet hätte."

„Das stimmt“, musste Felix ihr recht geben, „eine solche Reise hätten wir sonst nie machen können. Und trotzdem – es wäre mir lieber, du wärst bei uns geblieben.“

„Was sind schon die paar irdischen Jahre der Trennung im Vergleich zur Ewigkeit, die man zusammen mit seinen Liebsten verbringen wird. Weniger als ein Tropfen im Meer! Doch nutzen sollte man sie und das Allerbeste daraus machen. Und das ist jetzt die Herausforderung an dich. Lebe dein Leben bewusst, nutze jeden einzelnen Tag. Baue eine intensive Beziehung zu Gott auf und hol dir von ihm die Kraft, die du brauchst, um ein Licht für dein Umfeld zu sein. Und wenn du dann einmal nach drüben gehst, werde ich an der Schwelle auf dich warten, um dich zu begleiten. Das verspreche ich dir.“

Felix schluckte den Kloß hinunter, der sich in seinem Hals gebildet hatte, bevor er fragte: „Heißt das, wir sind nun definitiv am Ende unserer Reise angekommen?“

„Das sind wir – leider. Wobei – zu einer letzten Station könnte ich dich noch mitnehmen. Wenn du magst, könnten wir noch einmal an einer Heiligen Messe teilnehmen – dieses Mal vom Anfang bis zum Ende – und geistig noch einmal alles an uns vorbeiziehen lassen, was wir während der Reise erlebt haben.“

„Natürlich mag ich das“, erwiderte Felix erfreut, „zum einen ist jede Minute mit dir kostbar und zum anderen ist es sicher hilfreich, die einzelnen Teile der Heiligen Messe in der richtigen Reihenfolge zu erleben – jetzt, da ich so gut wie alles mit anderen Augen sehe.“

„Das denke ich auch“, meinte Ruth. „Dann komm, reisen wir zu meinem liebsten Wallfahrtsort, zu dem Menschen aus der ganzen Welt mit ihren Anliegen kommen.“

Bei der Gnadenmutter

Wenig später standen sie vor dem Eingang einer kleinen Kapelle, deren Wände mit unzähligen handgemalten Bildern bedeckt waren. Darauf waren Menschen zu sehen, die vom Krankenbett aufstanden, Frauen, die nach intensivem Gebet ein Kind bekommen hatten, Männer, die heil aus dem Krieg zurückgekommen waren und viele andere Szenen. So verschieden die Bilder waren, eines hatten sie gemeinsam – die Worte „Maria hat geholfen".

Als er die Bilder sah, wusste Felix sofort, wo sie waren: in Altötting. Hierher war er als Kind schon öfters gekommen und er hatte die Ausflüge immer genossen, weil er im Anschluss an die Heilige Messe regelmäßig mit Burgern und Eis verwöhnt worden war. Eigentlich recht schlau von seiner Mutter, ihm den Wallfahrtsort auf diese Weise ‚schmackhaft' zu machen.

Gemeinsam mit ein paar anderen Leuten traten sie durch die erste Holztür ein, tauchten ihre Finger in den dahinter liegenden Weihwasserkessel, spritzten ein wenig von dem Wasser für die Seelen der Verstorbenen auf den Boden, machten ein Kreuz auf die Stirn, den Mund und das Herz und durchschritten schließlich die zweite Tür, um ins Innere der Kapelle zu gelangen.

Auch hier waren die Wände bedeckt mit Bildern, die darstellten, wie vielen Menschen auf die Fürsprache Mariens bereits geholfen worden war. Während sie den Vorraum betraten, bemerkte Felix, dass alle Bänke bis an den Rand besetzt waren und auch auf der freien Fläche daneben zahlreiche Menschen standen. Im Moment war es unmöglich, ganz nach vorne zu gelangen, dorthin, wo die Muttergottes auf einen wartete. Da öffnete sich die Tür der Sakristei, ein Messdiener läutete zum Zeichen, dass die Messe beginnen sollte und als er gefolgt von einem weiß gekleideten Priester aus der Sakristei trat, bildeten die Leute eine Gasse, um die beiden durchzulassen. Diese Gelegenheit nutzten Felix und Ruth und so konnten sie mühelos ganz nach vorne gehen.

Hier standen sie nun vor der schwarzen Muttergottes und während die Menschen in der Kapelle aus vollem Halse „Jesus lebt, mit ihm auch ich“ sangen, betrachtete Felix den Altar genauer. Rechts und links knieten zwei betende Männer. Bei dem einen handelte es sich um den heiligen Bruder Konrad, so viel wusste er noch, doch wer der andere war, war ihm leider entfallen. Daneben standen abwechselnd brennende Kerzen und Vasen mit den herrlichsten Rosen. Felix konnte ihren Duft sogar aus zwei Metern Entfernung wahrnehmen. Über der Mitte des Altares befand sich der Tabernakel und über diesem schließlich die Gnadenmutter, die mit einem goldenen Gewand bekleidet war und ihren Sohn, ebenfalls golden gekleidet, auf dem Arm trug.

Als die letzten Töne des Liedes verklungen waren, machte der Priester und mit ihm alle Gläubigen das Kreuzzeichen. Dann folgten ein paar Worte an das Volk. Der Priester begrüßte die Menschen und drückte seine Freude darüber aus, mit ihnen das Osterfest feiern zu dürfen.

Das Osterfest? Daher also das Lied am Anfang. Und daher der überaus prächtige Blumenschmuck. Ob die Kapelle an anderen Tagen auch so geschmückt war? Felix merkte, wie er gedanklich abschweifte. Das wollte er jedoch nicht, und so konzentrierte er sich wieder auf den Geistlichen, der sich gerade mit den folgenden Worten ans Volk wandte: „Brüder und Schwestern, damit wir die heiligen Geheimnisse in rechter

Weise feiern können, wollen wir bekennen, dass wir gesündigt haben. Wir sprechen das Schuldbekenntnis."

Und schon begann die ganze Gemeinde: „Ich bekenne, Gott dem Allmächtigen …"

Gemeinsam bekannten sie vor Gott und den Mitmenschen, dass sie Gutes unterlassen, Böses aber getan und in Gedanken, Worten und Werken gesündigt hatten. Dann baten sie die selige Jungfrau Maria und alle Engel und Heiligen für sie zu beten, bei Gott ihrem Herr.

Als der Priester Gott anschließend um Erbarmen, Vergebung und das ewige Leben bat, machte auch Felix ein Kreuzzeichen und stimmte in das allgemeine „Amen" ein.

Und für einen kurzen Augenblick standen Adam und Eva vor seinen Augen – wie sie im Paradies frei von jeder Sünde aus jeder Pore ihres Körpers geleuchtet hatten und wie sie dieses Leuchten kurze Zeit später infolge der Sünde verloren hatten. Felix hatte dadurch erkannt, was die Sünde mit den Menschen machte, und auf einmal wurde ihm bewusst, dass auch er selbst sein Leuchten verloren und allen Grund hatte, Gott um Vergebung zu bitten. Daher betete er laut mit, als Gott gleich dreimal um Erbarmen gebeten wurde.

Kurz darauf begann die Orgel zu spielen und alle stimmten in den Gesang ein, den Ruth und Felix bei den Hirten auf dem Feld gehört hatten. Aus ganzem Herzen sangen die Anwesenden zu Gottes Ehre, lobten ihn, priesen ihn und dankten ihm. Wenn dieses Loblied auch nicht hinkam an den Gesang der Engel, so berührte es doch und erinnerte an die Freude, die die Engel erfüllt hatte, als sie das Kommen Jesu verkündet hatten.

Danach erfolgte ein kurzes Gebet durch den Priester, in welchem darauf hingewiesen wurde, dass Jesus an diesem Tag den Tod besiegt und den Menschen den Zugang zum ewigen Leben erschlossen hatte. Und während Jesus gebeten wurde, die Anwesenden neu zu schaffen, damit auch sie auferstehen und im Licht des Lebens wandeln könnten, merkte Felix, wie diese Bitte auch in seinem Herzen Gestalt annahm.

Dann setzte sich der Priester, ein Lektor trat an den Ambo, öffnete das Messlektionar an der entsprechenden Stelle, richtete den Blick auf das anwesende Volk und begann mit eindringlicher Stimme die erste Lesung, aus der Apostelgeschichte, vorzutragen: „Da begann Petrus zu reden und sagte: Wahrhaftig, jetzt begreife ich, dass Gott nicht auf die Person sieht, sondern dass ihm in jedem Volk willkommen ist, wer ihn fürchtet und tut, was recht ist. Er hat das Wort den Israeliten gesandt, indem er den Frieden verkündete durch Jesus Christus; dieser ist der Herr aller. (…) Ihn haben sie *an den Pfahl gehängt* und getötet. Gott aber hat ihn am dritten Tag auferweckt und hat ihn erscheinen lassen, zwar nicht dem ganzen Volk, wohl aber den von Gott vorherbestimmten Zeugen: uns, die wir mit ihm nach seiner Auferstehung von den Toten gegessen und getrunken haben. Und er hat uns geboten, dem Volk zu verkündigen und zu bezeugen: Das ist der von Gott eingesetzte Richter der Lebenden und der Toten. Von ihm bezeugen alle Propheten, dass jeder, der an ihn glaubt, durch seinen Namen die Vergebung der Sünden empfängt.“[51]

Während die Gemeinde die dritte und vierte Strophe von „Jesus lebt, mit ihm auch ich“ sang, dachte Felix daran, wie er dem leidenden Jesus auf Golgota gegenübergestanden war. Wie er es kaum ausgehalten hatte, den zerschundenen, stark blutenden Körper zu sehen. Doch dieser grausame Tod war nicht das Ende – nach ihm kam die Auferstehung, die sie gerade feierten.

Viel zu schnell waren die beiden Strophen gesungen und wieder trat der Lektor an den Ambo. Dieses Mal, um die zweite Lesung, aus dem Brief an die Kolosser, vorzutragen: „Ihr seid mit Christus auferweckt; darum strebt nach dem, was im Himmel ist, wo Christus *zur Rechten Gottes sitzt.* Richtet euren Sinn auf das Himmlische und nicht auf das Irdische! (…) tötet, was irdisch an euch ist: die Unzucht, die Schamlosigkeit, die Leidenschaft, die bösen Begierden und die Habsucht, die ein Götzendienst ist. All das zieht den Zorn Gottes nach sich. … Belügt einander nicht; denn ihr habt den alten Menschen mit seinen Taten abgelegt und seid zu einem neuen Menschen geworden, der nach dem Bild seines Schöpfers erneuert wird, um ihn zu erkennen. (…) Ihr seid von Gott geliebt, seid seine auserwählten Heiligen. Darum bekleidet euch mit aufrichtigem Erbarmen, mit Güte, Demut, Milde, Geduld! Ertragt euch gegenseitig und vergebt einander, wenn einer dem andern etwas vorzuwerfen hat. Wie der Herr euch vergeben hat, so vergebt auch ihr! Vor allem aber liebt einander, denn die Liebe ist das Band, das alles zusammenhält und vollkommen macht."[52]

Felix dachte an den Ratschlag, den Ruth ihm gegeben hatte: sich immer einen Satz aufzuschreiben, der ihn besonders berührte. Wenn er ein Heft dabei gehabt hätte, hätte er sich für den letzten Satz entschieden. So aber konnte er nur versuchen, ihn sich zu merken. Was nicht allzu schwer sein sollte – enthielt er doch das, was Ruth ihm immer wieder gesagt hatte: Dass die Liebe das Allerwichtigste war, und dass er folglich vor allem eines tun sollte: aus ganzem Herzen lieben!

Während Felix noch über das, was er in den Lesungen gehört hatte, nachdachte, ging ein Ruck durch die Menschenmenge. Alle stellten sich aufrecht hin, wachsam und bereit, sich auf den Weg zu machen, und ein feierliches Halleluja wurde gesungen.

Dann folgte das Evangelium, in dem es um die Auferstehung Jesu ging. Darin wurde berichtet, wie die Erde bebte, als mehrere Frauen zum Grab Jesu gingen. Wie ein Engel kam, den Stein wegwälzte und den Frauen sagte, sie sollten sich nicht fürchten, da Jesus auferstanden sei. Wie diese dann zu den Jüngern eilen wollten, um ihnen diese frohe Botschaft zu verkünden und auf dem Weg Jesus trafen, der ihnen ebenfalls sagte, dass sie sich nicht fürchten, sondern seine Brüder auffordern sollten, nach Galiläa zu gehen, wo sie ihn sehen würden.[53]

Nach einem erneuten Halleluja setzten sich alle, die einen Sitzplatz hatten, hin und der Priester begann mit seiner Predigt. Er ging dabei auf die Texte der Lesungen und des Evangeliums ein; auf die Auferstehung Jesu; darauf, dass er nicht nur symbolisch auferstanden war, sondern tatsächlich und dass seine Auferstehung für die Welt so viel bedeutet. Und darauf, dass jeder der Anwesenden mit Jesus auferweckt ist und daher alles Negative, alle schlechten Leidenschaften und bösen Begierden hinter sich lassen und seine Mitmenschen „mit aufrichtigem Erbarmen, mit Güte, Demut, Milde, Geduld" behandeln, ihnen immer wieder vergeben und in allem die Liebe leben sollte.

Felix war erstaunt, wie sich so manches, was er durch die Reise erfahren hatte, immer wieder wiederholte: Umkehr – Vergebung – Liebe.

Im Anschluss an die Predigt stellten sich alle wieder aufrecht hin und schon begannen sie, gemeinsam ihren Glauben zu bekennen: „Ich glaube an Gott, den Vater, den Allmächtigen …". Felix versuchte, sich nicht davon ablenken zu lassen, dass die Menschen im äußeren Bereich der Kapelle immer ein wenig schneller waren als die im inneren und sprach das erste Mal seit langer Zeit selbst beim Glaubensbekenntnis mit. Und auch bei den darauffolgenden Fürbitten betete er mit – gemeinsam mit all den anderen Gläubigen bat er Gott um Frieden auf der Welt; um Kraft für alle Menschen, die sich für das Reich Gottes einsetzen; um Trost für alle Trauernden; um neue Hoffnung für alle Mutlosen; um gute Seelsorger, die die Herzen der Menschen berühren und sie näher zu Gott bringen; um Menschen, die sich für den Schutz der Schöpfung einsetzen.

Dabei wurde ihm bewusst, wie schön es war, dass im Gottesdienst gemeinsam für so viele Anliegen gebetet wurde. Und während der Priester daraufhin die Gaben auf dem Altar bereitete, brachte er auch seine persönlichen Anliegen vor Gott. Er betete für seine Freunde und für alle Menschen, mit denen er zu tun hatte; um mehr Freude an seiner Arbeit oder aber die Kraft, etwas Neues zu beginnen; um die richtige Partnerin, die er aus ganzem Herzen lieben würde und mit der er eine Familie gründen konnte; um Zufriedenheit und inneren Frieden; und um die Kraft, so vieles zu vergeben.

Kurz darauf ertönte wieder einmal die Orgel, und gemeinsam mit all den anderen sang Felix: „Heilig, heilig, dreimal heilig bist du, Herr, Gott Sabaoth! Erd und Himmel dich lobpreisen in der Höhe, großer Gott! Heilig, der in deinem Namen zu uns kommt, hosanna. Amen. Ihm sei Lob und Herrlichkeit, Preis und Dank zu jeder Zeit."

Dann knieten sich alle, denen es irgendwie möglich war, hin. Viele, darunter auch Felix und Ruth, auf dem nackten Boden, da sie keine Bank vor sich hatten.

Der Priester aber breitete die Hände aus und sprach: „Dich, gütiger Vater, bitten wir durch deinen Sohn, unseren Herrn Jesus Christus; Nimm diese heiligen, makellosen Opfergaben an und segne sie. Wir bringen sie dar vor allem für deine heilige katholische Kirche in Gemeinschaft mit deinem Diener, unserem Papst Franziskus, mit unserem Bischof Stefan, und mit allen, die Sorge tragen für den rechten, katholischen und apostolischen Glauben. Schenke deiner Kirche Frieden und Einheit, behüte sie und leite sie auf der ganzen Erde.

Gedenke deiner Diener und Dienerinnen, für die wir heute besonders beten und aller, die hier versammelt sind. Herr, du kennst ihren Glauben und ihre Hingabe; für sie bringen wir dieses Opfer des Lobes dar, und sie selber weihen es dir für sich und für alle, die mit ihnen verbunden sind, für ihre Erlösung und für ihre Hoffnung auf das unverlierbare Heil. Vor dich den ewigen, lebendigen und wahren Gott bringen sie ihre Gebete und Gaben."

Die letzten Worte hatte Felix während der Reise schon einmal gehört und er musste daran denken, was Ruth ihm im Zusammenhang damit über die Wirkung der Heiligen Messe gesagt hatte – dass sie jedem, der sie besucht, viele Gnaden bringt und auch allen Menschen, die mit ihm verbunden sind.

Der Priester fuhr fort: „In Gemeinschaft mit der ganzen Kirche feiern wir das Hochfest der Auferstehung unseres Herrn Jesus Christus. Wir gedenken deiner Heiligen und ehren vor allem Maria, die glorreiche, allzeit jungfräuliche Mutter unseres Herrn und Gottes Jesus Christus. Wir ehren ihren Bräutigam, den heiligen Josef; deine heiligen Apostel und Märtyrer" und während der Priester mehrere namentlich erwähnte, blickte Felix auf zu Maria, welche in besonderer Weise geehrt wurde. Zu Maria, die ihren Sohn auf dem Arm hielt und voller Liebe auf die Menschen herabblickte. Wie auf dem Berg Golgota so war sie auch hier zugegen, während das Kreuzesopfer ihres Sohnes vergegenwärtigt wurde. Als wahrhaft liebende Mutter war sie bei ihrem Sohn und tat alles in ihrer Macht Stehende, um die Menschen näher zu ihm zu führen.

Felix wurde aus seinen Gedanken gerissen, als die Heilige Messe ihren Höhepunkt erreichte.

Der Priester nahm eine große Hostie in beide Hände, beugte sich zu ihr hinab und sprach langsam und ehrfürchtig die Worte: „Am Abend vor seinem Leiden nahm er das Brot in seine heiligen und ehrwürdigen Hände, erhob die Augen zum Himmel, zu dir, seinem Vater, dem allmächtigen Gott, sagte dir Lob und Dank, brach das Brot, reichte es seinen Jüngern und sprach: NEHMET UND ESSET ALLE DAVON: DAS IST MEIN LEIB, DER FÜR EUCH HINGEGEBEN WIRD."

Bei den letzten Worten hielt er die nunmehr verwandelte Hostie hoch, sodass alle sie sehen konnten. Dann legte er den Leib Jesu Christi auf den Altar und machte eine langanhaltende Kniebeuge.

Kurz darauf hielt er den Kelch mit dem Wein in den Händen und fuhr fort: „Ebenso nahm er nach dem Mahl diesen erhabenen Kelch in seine heiligen und ehrwürdigen Hände, sagte dir Lob und Dank, reichte den Kelch seinen Jüngern und sprach: NEHMET UND TRINKET ALLE DARAUS: DAS IST DER KELCH DES NEUEN UND EWIGEN BUNDES, MEIN BLUT, DAS FÜR EUCH UND FÜR ALLE VERGOSSEN WIRD ZUR VERGEBUNG DER SÜNDEN. TUT DIES ZU MEINEM GEDÄCHTNIS."

Nach diesen Worten stellte er den Kelch, welcher nunmehr das Blut Christi enthielt, neben die konsekrierten Hostien und machte erneut eine langanhaltende Kniebeuge, bevor er den Gläubigen zurief: „Geheimnis des Glaubens." Und alle antworteten: „Deinen Tod, o Herr, verkünden wir und deine Auferstehung preisen wir, bis zu kommst in Herrlichkeit."

Und während der Priester weitersprach: „Darum, gütiger Vater, feiern wir, deine Diener und dein heiliges Volk, das

Gedächtnis deines Sohnes, unseres Herrn Jesus Christus. Wir verkünden sein heilbringendes Leiden, seine Auferstehung von den Toten und seine glorreiche Himmelfahrt", wurde Felix bewusst, wie sehr es in jeder Heiligen Messe auch um die Auferstehung Jesu geht – der Tod hat nicht das letzte Wort. Jesus ist auferstanden und in den Himmel aufgefahren. Diese Botschaft vermittelt jede Heilige Messe. Und damit vermittelt sie zugleich, dass der Tod auch im Leben jedes einzelnen nicht das letzte Wort hat.

Passend dazu folgten kurz darauf die Worte: „Gedenke auch deiner Diener, und Dienerinnen, die uns vorangegangen sind, bezeichnet mit dem Siegel des Glaubens, und die nun ruhen in Frieden. Wir bitten dich: Führe sie und alle, die in Christus entschlafen sind, in das Land der Verheißung, des Lichtes und des Friedens."

Felix dachte daran, was Ruth ihm über das Gebet für die Verstorbenen gesagt hatte, und auf einmal war es ihm ein Bedürfnis, für seinen Vater zu beten. Ja, dieser hatte ihm viel Schlimmes angetan, doch jetzt sollte er seinen Frieden bei Gott finden. Er sollte in „das Land der Verheißung, des Lichtes und des Friedens" gelangen und dort für immer glücklich sein.

Während Felix in Gedanken noch bei seinem irdischen Vater war, standen alle auf, um sich an den himmlischen Vater zu wenden mit dem Gebet, das Jesus selbst sie gelehrt hatte: „Vater Unser im Himmel …"

Felix betete mit und das erste Mal konnte er sich vorstellen, dieses Gebet nicht nur zu sprechen, sondern auch zu leben – sogar die Stelle, in der es hieß „und vergib uns unsere Schuld, wie auch wir vergeben unseren Schuldigern". Er dachte daran, wie Jesus auf dem Berg stand, und die Menschen dieses Gebet lehrte; wie er später am Kreuz hing und Gottvater bat, seinen Schuldigern zu vergeben, da sie nicht wussten, was sie taten. Vielleicht hatte ja auch sein Vater nicht gewusst, was er tat – zumindest nicht wirklich. Vielleicht sollte er tatsächlich versuchen zu vergeben. Es würde sicher nicht leicht werden, aber einen Versuch war es wert. Und während sich die Menschen neben ihm die Hand gaben und gegenseitig den Frieden wünschten, spürte Felix, wie auch in seinem Herzen ein neues Gefühl entstand – ein Gefühl von Frieden. Ganz zart wuchs es heran, doch nach und nach erfüllte es sein ganzes Herz.

Da erklang erneut die Orgel und als der Priester am Altar die Hostie brach, sangen alle: „Lamm Gottes, du nimmst hinweg die Sünde der Welt: Erbarme dich unser. Lamm Gottes, du nimmst hinweg die Sünde der Welt: Erbarme dich unser. Lamm Gottes, du nimmst hinweg die Sünde der Welt: Gib uns deinen Frieden."

Felix dachte an die Opferlämmer, die im Tempel zu Jerusalem geschlachtet worden waren –und daran, wie Jesus ihre Stelle eingenommen hatte, indem er selbst sich ans Kreuz schlagen ließ – während er gemeinsam mit all den anderen um Erbarmen und Frieden bat.

Dann beugten wieder alle, denen es möglich war, die Knie. Der Priester hielt die zerbrochene Hostie hoch und sprach: „Seht das Lamm Gottes, das hinwegnimmt die Sünde der Welt." Woraufhin alle antworteten: „Herr, ich bin nicht würdig, dass du eingehst unter mein Dach, aber sprich nur ein Wort, so wird meine Seele gesund."

Plötzlich hatte Felix den Hauptmann von Kafarnaum vor Augen, dessen Vertrauen bewirkt hatte, dass sein Diener gesund wurde – nur auf ein Wort hin. Und er bat Jesus aus ganzem Herzen, dieses Wort der Heilung auch zu ihm zu sprechen, auf dass seine so sehr verletzte Seele gesund werden würde.

In der Zwischenzeit betete der Priester am Altar leise für sich und empfing selbst den Leib und das Blut Christi, bevor er sich den Menschen zuwandte, die nach vorne strömten, um durch seine Hand den Leib des Herrn zu empfangen.

Es waren so viele, welche die Hand bereithielten oder aber den Mund öffneten, während der Priester eine Hostie nach der anderen nahm, jede mit den Worten „Der Leib Christi" kurz hochhielt und dann einem der Gläubigen reichte.

Wie gerne wäre auch Felix nach vorne gegangen, um Jesus zu empfangen – jetzt, da er wusste, dass dieser wirklich in der Hostie war. Doch das konnte er in seinem jetzigen Zustand nicht. So musste er sich damit begnügen, innerlich mit Jesus zu sprechen und ihn zu bitten, geistig in sein Herz zu kommen und in ihm zu wohnen.

Nebenbei beobachtete er die Menschen, die nach dem Empfang der Kommunion zurück zu ihren Plätzen gingen. Nicht aus Neugier, sondern weil er sich danach sehnte, das Leuchten wieder zu sehen, das er bei Anna Schäffer wahrgenommen hatte, nachdem sie den Herrn empfangen hatte. Doch er suchte vergebens. Wenn manche auch sehr glücklich wirkten, nachdem Jesus zu ihnen gekommen war, so ging doch von keinem dieses Strahlen aus. Nun ja, einer Heiligen begegnete man halt nicht jeden Tag.

Felix bemerkte, wie unterschiedlich die Menschen sich verhielten, nachdem sie an ihren Platz zurückgekehrt waren. Manche setzten sich und blickten still vor sich hin. Andere knieten sich nieder, und schienen ganz im Gebet versunken zu sein. Wieder andere blieben kurz stehen und verließen dann die Kirche. Sie hatten bekommen, wozu sie gekommen waren und wollten oder konnten sich nicht länger Zeit nehmen, um in der Kapelle bei Gott zu verweilen.

Nachdem jeder, der zum Kommunionempfang nach vorne gekommen war, eine Hostie erhalten hatte, öffnete der Priester den Tabernakel und stellte das Gefäß mit den restlichen Hostien hinein. Somit war Jesus weiterhin leibhaftig gegenwärtig bei den Menschen, die sich in der Kapelle aufhielten. Auch noch Stunden nach der Heiligen Messe – ununterbrochen!

Während die Gemeinschaft der Gläubigen ein Lied anstimmte, dankte Felix Jesus für alles, was er in den letzten Stunden erlebt hatte. Dafür, dass Ruth ihm begegnen durfte und ihn mit auf diese Reise nahm. Dafür, dass er Ereignisse aus dem Leben Jesu live sehen konnte: die Einsetzung der Eucharistie auf dem Berg Zion, die Rede über das Himmelsbrot am See Genezareth und in der Synagoge von Kafarnaum, die Begegnung mit dem Hauptmann von Kafarnaum, die Rede über das Vater Unser und schließlich das Leiden Jesu am Kreuz auf Golgota.

Er dankte auch für alle Menschen, die er während der Reise getroffen hatte: Pater Pio, der die Wundmale trug und trotz heftiger Schmerzen täglich die Heilige Messe feierte; Adam und Eva, die im Paradies das größte Glück ausgestrahlt hatten; Anna Schäffer und Therese von Konnersreuth, denen die heilige Kommunion so viel bedeutete; Paulus und Silas, die Gott sogar im Gefängnis lobten; und schließlich Mutter Teresa, die das Evangelium so radikal lebte, dass sie zu einem Licht für zahlreiche Menschen wurde. Und er dankte dafür, dass er sein Leben plötzlich mit anderen Augen sah. Auf einmal fühlte er wieder Zuversicht und Hoffnung in sich – Gefühle, die er seit Jahren nicht mehr verspürt hatte.

Viel zu schnell war das Lied vorbei und der Priester sprach zunächst ein kurzes Schlussgebet und schließlich den feierlichen Schlusssegen:

„An diesem Tag, der geheiligt ist durch die Auferstehung unseres Herrn Jesus Christus, segne euch der gütige Gott und bewahre euch vor der Finsternis der Sünde.

In Christus haben wir Anteil am ewigen Leben, in ihm führe euch Gott zur unvergänglichen Herrlichkeit.

Unser Erlöser hat uns durch die Tage seines Leidens zur österlichen Freude geführt; er geleite euch alle Tage des Lebens bis zu jener Osterfreude, die niemals endet.

Das gewähre euch der dreieinige Gott, der Vater und der Sohn und der Heilige Geist."

Dabei erhob er die Hand, um alle Anwesenden mit dem Zeichen des Kreuzes zu segnen. Und nachdem diese sich ehrfürchtig bekreuzigt hatten, sprachen sie ein kräftiges „Amen" zur Bestätigung dessen, was der Priester soeben gesagt hatte.

Die Messe war am Ende angelangt. Ein letztes Mal wandte sich der Priester ans Volk und er forderte die Anwesenden auf: „Gehet hin in Frieden."

Woraufhin alle antworteten: „Dank sei Gott, dem Herrn."[54]

„Ja", dachte Felix, „Dank sei Gott. Dank sei ihm für alles Gute, was er für uns Menschen tut – für alles, was wir bemerken und auch für alles, was uns gar nicht bewusst ist."

Da ertönte die Orgel erneut und während die Gläubigen in das Lied „Freu dich, du Himmelskönigin" einstimmten, gingen die Blicke vieler nach oben zur Muttergottes, die ihren schützenden Mantel über alle breitete. An sie war dieses Lied gerichtet, in dem sie darum gebeten wurde, bei Gott Fürsprache für alle einzulegen.

„Bitt Gott für uns, so wird's geschehn, freu dich Maria, dass wir mit Christus auferstehn, halleluja. Bitt Gott für uns Maria", so sang auch der Priester, während er eine letzte Kniebeuge machte, den inneren Bereich der Kapelle verließ und in die Sakristei zurückkehrte.

Die Messe war nun offiziell zu Ende, trotzdem blieben viele Menschen weiterhin, darunter auch Felix und Ruth. Felix war froh, dass sie nicht sofort gingen – wusste er doch, dass dies die letzte Station ihrer Reise sein sollte. Nur noch kurze Zeit sollte er mit Ruth unterwegs sein, bevor er wieder in seinen Alltag zurückkehrte.

Und viel zu schnell war es soweit. Ruth sah ihn an und in der nächsten Sekunde waren sie nicht länger in der Kapelle, sondern wieder dort, wo ihre Reise begonnen hatte.

4. August 2016

Als ob nichts gewesen wäre, saßen sie wieder auf der Bank im Wald, vor sich die kleine Wiese mit den unzähligen Blumen, um sich herum das Meer an Bäumen, hinter sich den schmalen Waldweg.

Felix konnte nicht einschätzen, wie viel Zeit inzwischen vergangen war. Ihm kam es vor, als seien sie Tage unterwegs gewesen, doch Ruth hatte ihm ja zu Beginn der Reise versprochen, dass er rechtzeitig zur Arbeit am nächsten Tag zurück sein werde. Und dem Tageslicht nach war nicht viel Zeit vergangen, seit sie aufgebrochen waren. Es war noch genauso hell wie zuvor und genau wie zuvor fielen vereinzelt ein paar Sonnenstrahlen durch die Blätter und erhellten ihre Gesichter.

„Wie lange waren wir unterwegs?", wandte er sich schließlich an Ruth.

„Das ist schwer zu sagen, da wir uns sozusagen außerhalb der Zeit befunden haben", meinte diese, „doch ich würde einmal sagen innerhalb der Zeit etwa drei Minuten."

„Drei Minuten? Wir haben das alles in nur drei Minuten erlebt?" Felix konnte nicht glauben, was er da gerade gehört hatte.

„Na ja, vielleicht waren es auch zehn", überlegte Ruth, „doch mehr auf keinen Fall! Ich hab dir doch zu Beginn der Reise erklärt, dass es keine Zeit im irdischen Sinn mehr gibt, sobald die Seele den Körper verlässt. Aus diesem Grund konnten wir ja auch sozusagen in der Zeit reisen und all das erleben, was wir erlebt haben."

„Keine Zeit im irdischen Sinn mehr – eine eigenartige Vorstellung! Wo sich doch so vieles um die Zeit dreht."

„Ja, im irdischen Leben wird mit der Zeit teilweise völlig falsch umgegangen. Ein Problem ist, dass sie oft überbewertet wird. Es kommt einem grausam vor, wenn man auf etwas Erhofftes Monate oder auch Jahre warten muss. Oder wenn ein geliebter Mensch von einem geht und man denkt, dass man ihn erst Jahrzehnte später im Jenseits wiedersehen wird. Doch was sind schon Monate, Jahre oder sogar Jahrzehnte gemessen an der Ewigkeit? Ein weiteres Problem in Bezug auf die Zeit ist, dass sie von vielen falsch genutzt wird. So viel Zeit wird unnütz vertan und sinnlosen Beschäftigungen gewidmet. Doch für das, was einem wirklich etwas bringen würde, nimmt man sich oft nicht die Zeit. Ich hoffe, dass du es fortan anders machst, Felix, und deine Zeit bewusst für Gutes nutzt! Lebe dein Leben so, dass du ein reines Gewissen haben kannst, wenn du einmal vor Gott stehst und es noch einmal an dir vorbeiziehen siehst."

„Du meinst dann, wenn ich gestorben bin?", fragte Felix nach.

„Ja, denn dann wirst du in der Gegenwart Gottes einen Blick auf dein ganzes Leben werfen und genau erkennen, was gut oder aber schlecht darin war. Und es wird zu einer Bewertung deiner Taten kommen, wobei es einen übergeordneten Maßstab gibt, an dem alles gemessen wird."

„Die Liebe."

„Richtig", bestätigte Ruth, „die Liebe. An ihr wird alles gemessen. Jedes Wort, jeder Gedanke, jede Tat. Also lebe dein Leben in Liebe. Schöpfe aus der Quelle der Liebe, damit du immer ausreichend Liebe in dir hast und verbreite diese Liebe dann in deinem Umfeld. Und du wirst sehen, wie du dadurch viele Menschen glücklicher machst und auch selbst glücklicher wirst."

Felix blickte eine Weile schweigend vor sich hin und dachte über Ruths Worte nach, die ihn im tiefsten Inneren berührten und zudem ihre letzte Botschaft an ihn waren.

Denn kurz darauf sagte Ruth: „Es ist Zeit für den Abschied, Felix. Ich habe dir alles gezeigt und gesagt, wozu ich gekommen bin."

Felix sah sie traurig an und versuchte, sich noch einmal jeden ihrer Gesichtszüge einzuprägen – vor allem aber das Leuchten, das von ihr ausging und die Liebe in ihren Augen. Dann meinte er: „Wann werden wir uns wiedersehen?"

„Wenn du ins Jenseits kommst, dann werde ich drüben auf dich warten und dich das erste Stück deines Weges begleiten."

„Zuvor begegnen wir uns nicht mehr?"

„Ich werde auch zuvor immer wieder einmal bei dir sein, aber sehen wirst du mich vermutlich erst bei deinem irdischen Tod wieder."

Als Felix sie weiterhin traurig ansah, fügte Ruth hinzu: „Hab Vertrauen, Felix. Es wird alles gut werden! Gott hat einen wunderbaren Plan für dein Leben, der von nun an Schritt für Schritt Wirklichkeit werden wird. Du musst dich nur darauf einlassen, und aus ganzem Herzen ja zu ihm sagen, dann wirst du zu einem Leben in Fülle gelangen. Und es wird mir eine Freude sein, das vom Himmel aus zu beobachten."

Daraufhin stand sie auf und auch Felix erhob sich. Wortlos ließ er sich von ihr in die Arme nehmen.

Dann sah er ihr ein letztes Mal in die Augen. Es war ihm nicht möglich, Worte zu finden, die ausdrückten, was er empfand.

Alles, was er sagen konnte, war: „Ich danke dir – von ganzem Herzen!"

Doch an ihrem Blick konnte er erkennen, dass sie ihn auch ohne viele Worte verstand.

„Leb wohl, Felix! Und denk daran: immer die Liebe leben!"

„Auf Wiedersehen, Ruth."

Nach diesen Worten drehte sie sich um und ging ruhigen Schrittes den Waldweg zurück, auf dem sie gekommen war. Felix schaute ihr noch lange nach und sah, wie sie sich weiter und weiter entfernte, bis sie schließlich gar nicht mehr zu sehen war.

Dann drehte auch er sich um und ging heim. Heim, in ein neues Leben – in ein Leben in Fülle.

Quellenangaben:

Auch wenn die Rahmenhandlung erfunden ist, so entsprechen doch die Informationen über die einzelnen Etappen der Reise der Wahrheit. Sie wurden sorgfältig recherchiert. Welchen Büchern sie entstammen, kann aus den folgenden Quellenangaben entnommen werden.

1 Wagner, Karl, Pater Pio trägt 50 Jahre die heiligen Wundmale, S. 26

2 Die Hintergrundinformationen zu diesem Kapitel entstammen folgenden Büchern:

Harder, Bernd, Pater Pio und die Wunder des Glaubens, Augsburg 2007

Wagner, Karl, Pater Pio trägt 50 Jahre die heiligen Wundmale, Altötting

3 Die Hintergrundinformationen zu dem Gebäude entstammen folgendem Buch: Hahn, Scott, Das Mahl des Lammes. Die Messe als Himmel auf Erden, Augsburg 2003

4 Die Beschreibung des Gebäudes orientiert sich an folgendem Buch: Emmerich, Anna Katharina, Das bittere Leiden unseres Herrn Jesus Christus, S. 59ff.

5 Die Bibel. Einheitsübersetzung, Matthäus, 26,26

6 Ebd. Matthäus 26,27f

7 Vgl. KKK 1367

8 Vgl. YOUCAT 208

9 Die Hintergrundinformationen zu diesem Kapitel entstammen folgenden Büchern:

Die Bibel. Einheitsübersetzung, Herder 2010

Emmerich, Anna Katharina, Das bittere Leiden unseres Herrn Jesus Christus, Stein am Rhein / Schweiz [19]2006

Hahn, Scott, Das Mahl des Lammes. Die Messe als Himmel auf Erden, Augsburg 2003

Katechismus der Katholischen Kirche

10 Die Bibel. Einheitsübersetzung, Johannes 6,32-40

11 Ebd. Johannes 32,42

12 Ebd. Johannes 6,43-47

13 Ebd. Johannes 6,48-51

14 Ebd. Johannes 6,53-57

15 Ebd. Johannes 6,58

16 Ebd. Johannes 6, 60

17 Ebd. Johannes 6,61-65

18 Ebd. Johannes 6,66-69

19 Die Hintergrundinformationen zu diesem Kapitel entstammen der Einheitsübersetzung der Bibel.

20 Die Hintergrundinformationen zu diesem Artikel sind folgenden Quellen entnommen:

Haesele Maria (Autorin), Guillet Arnold (Hrsg.), Eucharistische Wunder aus aller Welt, 2016

DVD: Il Sigillo del Dio Vivente. Il miracolo eucaristico di Lanciano, Lanciano

21 Sandherr-Klemp, Dorothee, Sandherr, Susanne (Hrsg.), Messbuch 2017, S. 505

22 Vgl. YOUCAT

23 Die Hintergrundinformationen zu diesem Kapitel entstammen folgenden Büchern:

Steiner, Johannes, Theres Neumann von Konnersreuth. Ein Lebensbild nach authentischen Berichten, Tagebüchern und Dokumenten, München ^{5}1968

YOUCAT

24 Ritter, Emmeram H., Im Leiden habe ich Dich lieben gelernt! Die Schriften Anna Schäffers, S. 287

25 Ritter, Emmeram H., Im Leiden habe ich dich lieben gelernt!, S. 218f.

26 Die Hintergrundinformationen zu Anna Schäffer entstammen folgenden Büchern:

Ritter, Emmeram H., Im Leiden habe ich dich lieben gelernt! Die Schriften Anna Schäffers, Regensburg ^{2}2005

Domvikar Msgr. Schwager, Georg Franz X., Anna Schäffer. Vorbild der Kranken, Leidenden und Armen, Regensburg 2012

27 Die Bibel. Einheitsübersetzung, Matthäus 23,37f

28 Ebd. Psalm 122,1

29 Ebd. Jesaja 53,4ff

30 Die Hintergrundinformationen zu diesem Kapitel entstammen folgenden Büchern:

Die Bibel. Einheitsübersetzung

Volz, Paul, Die biblischen Altertümer, Köln

31 Die Hintergrundinformationen zu diesem Kapitel entstammen folgenden Büchern:

Die Bibel. Einheitsübersetzung

Emmerich, Anna Katharina, Geheimnisse des Alten und des Neuen Bundes, Stein am Rhein [13]2001

32 Die Bibel. Einheitsübersetzung, Lukas 23,34

33 Ebd. Matthäus 27,40

34 Ebd. Matthäus 27,42f.

35 Ebd. Lukas 23,39ff

36 Die Hintergrundinformationen zu diesem Kapitel entstammen folgenden Büchern:

Die Bibel. Einheitsübersetzung

Emmerich, Anna Katharina, Das bittere Leiden unseres Herrn Jesus Christus, Stein am Rhein [19]2006

Sandherr-Klemp Dorothee und Sandher Susanne (Hrsg.), Messbuch 2017, Kevelaer 2016

YOUCAT

37 Die Bibel. Einheitsübersetzung, Matthäus 6,9ff

38 Ebd. Matthäus 8,5ff

39 Sandherr-Klemp Dorothee und Sandher Susanne (Hrsg.), Messbuch 2017, Kevelaer 2016

40 Ebd.

41 Die Informationen zum Kreuzzeichen entstammen folgendem Werk: Voss, Michaela, Die heiligste Eucharistie, Himmel auf Erden. In der Liturgie der Erde die Liturgie des Himmels finden, Roßhaupten 2010, S. 35ff.

42 Die Bibel. Einheitsübersetzung, Lukas 2,10-12

43 Ebd. Lukas 2,14

44 Ebd. Lukas 2,15

45 Ebd. Apostelgeschichte 16,28

46 Ebd. Apostelgeschichte 16,30f.

47 Ebd. Matthäus 5,13ff

48 Ebd. Johannes 13,14f.

49 Die Hintergrundinformationen zu diesem Kapitel entstammen hauptsächlich folgendem Buch: Leo Maasburg, Mutter Teresa. Die wunderbaren Geschichten, München 2010

50 Vgl. Hahn, Scott, Das Mahl des Lammes, S. 10.

51 Die Bibel. Einheitsübersetzung, Apostelgeschichte 10,34-43

52 Ebd. Kolosser 3,1-14

53 Vgl. Matthäus 28,1-10

54 Alle Texte zur Heiligen Messe, die in diesem Kapitel vorkommen, wurden folgendem Buch entnommen: Sandherr-Klemp Dorothee und Sandher Susanne (Hrsg.), Messbuch 2017, Kevelaer 2016

Dank

Dieses Buch würde so nicht existieren, hätten mich nicht viele liebe Menschen in den vergangenen Jahren auf die unterschiedlichste Art und Weise unterstützt. Ihnen möchte ich hiermit von Herzen meinen Dank aussprechen. Möge Gott ihnen ihre Unterstützung reich vergelten!

Allen voran möchte ich meiner Mutter danken, die stets an mich glaubte und immer für mich da war, sich jede Seite vorlesen ließ und mich mit wertvollem Infomaterial versorgte. Vielen Dank, liebe Mama! Ohne dich wäre dieses Buch nicht das, was es heute ist!

Ich möchte auch allen danken, die Korrektur gelesen haben und mit ihren wertvollen Rückmeldungen zu so mancher Verbesserung beigetragen haben: meinen lieben Freunden Sandra, Pfarrer Hubert, Pfarrer Gerhard, Pater Willibald, Johannes S. und allen, die das Buch bisher gelesen und mich zur Veröffentlichung ermutigt haben. Besonders dem ersten Leser, meinem Bruder Gerhard, der das Buch so schnell gelesen hat wie kein anderer.

Danke auch allen, die mich auf der Suche nach einem passenden Cover unterstützt haben und mir so manche Fotos zukommen ließen, allen voran meinem Bruder Peter, von dem das Bild auf den ersten Ausgaben stammte.

Ein ganz besonderes Dankeschön an Christa Vlad, die das aktuelle Cover gestaltet und dabei so viel Liebe und Geduld investiert hat! Ich werde dir das nie vergessen, liebe Christa und wünsche dir von Herzen, dass dir dieser Einsatz von Gott ganz reich vergolten wird!

Nicht vergessen möchte ich meinen Onkel, Martin G., dem ich das Foto von mir, das zu Beginn des Buches zu sehen ist, verdanke.

Herzlichen Dank auch allen, die in mir die Liebe zur Heiligen Messe gefördert und vertieft haben. Allen voran meiner Oma Agnes, die mich als Kind so oft mit in die Heilige Messe genommen hat und meinen Eltern, die durch ihr eigenes Handeln ein überzeugendes Vorbild waren.

Ich danke auch den Verantwortlichen und den Mitarbeitern des fe-Verlages für ihre Unterstützung, für ihr Vertrauen, die unkomplizierte Zusammenarbeit und die Veröffentlichung dieses Buches.

Der größte Dank aber gebührt Gott, dem ich die Ideen für das Buch zu verdanken habe. Ich habe während des Schreibens viel gebetet und ihn immer wieder gebeten, mir zu zeigen, was ich schreiben soll. Ich hoffe sehr, dass er mit dem Ergebnis zufrieden ist und dass alles, was in diesem Buch steht, zu seiner Ehre ist.

Von der selben Autorin:

Sprosse für Sprosse dem Leben entgegen

Nahtoderfahrungen – was in ihnen wahrgenommen wird und wie sie unser Leben verändern

150 Seiten, Pb.

„Ich habe keinen Schmerz oder Angst verspürt. Ich war glücklich. Ganz glücklich! Es gibt keine Worte in dieser Welt, die das ausdrücken könnten. Das war so eine Glückseligkeit, man kann es nicht beschreiben! Und das Licht! Mir kommen Tränen, wenn ich daran denke – so etwas Schönes!" Mit diesen Worten beschreibt Franziska B. die Nahtoderfahrung, die sie im März 2010 hatte. Und sie ist nicht die Einzige, die eine solche Erfahrung gemacht hat. Tausende von Menschen berichten davon. Dieses Buch soll einen Einblick darin geben, was Menschen bei solchen Erfahrungen erleben und wie sich ihr eigenes Leben und das Leben vieler anderer dadurch verändert.
Wer sich darauf einlässt, kann sich gleichzeitig mit Nahtoderfahrenen auf den Weg machen – auf einen Weg, der Sprosse für Sprosse dem Leben entgegen führt.

Erhältlich bei:

Fe-Medienverlag
Hauptstraße 22, D-88353 Kisslegg
Tel.: 07563/6089980
www.fe-medien.de, info@fe-medien.de